なぜか頼られる鉄道ビジネス相談室!?の舞台裏

手老 善

天夢人
Temjin

Contents

はじめに

本書に興味を持っていただき、ありがとうございます。手に取っていただいたのは、鉄道ファンの方なのか、鉄道の仕事を志す方なのか、もしくは同業の方なのか、いろいろと想像をしつつも、広く多くの皆さまにお読みいただけるように心がけております。本編に入る前に、少しお時間頂戴したく思います。

ＮＨＫの番組の企画でお世話になった小国士朗さんという方がいらっしゃいます。小国さんはＮＨＫ所属時に、ホールスタッフが全員認知症という「注文をまちがえる料理店」を個人で企画・実現をされ、現在は小国士朗事務所を立ち上げ活動をされています。そんな小国さんから「私達の企ては〝課外活動〟のようだね」と言われました。まさに自分が求めていた言葉だとハッとしたのですが、〝ライフ〟や〝ワーク〟にも当てはまらないけれど、それぞれと関連のある〝課外活動〟。本書もそんな課外活動の一環です。

私の業務としての交通との関わりは、学生時代に営団地下鉄（現・東京メトロ）でホーム整理員、JR東日本などの鉄道運行情報の配信オペレーション、大学卒業後東急バスに就職し営業所で事務職として働き、ジェイアール東日本企画などを経て、現時点は西武鉄道で働いています。しかし、あなたがこの本を手に取っていただいた時点で、私がどこでどんな立場で仕事しているかは、今この文章を書いている41歳の私にもわかりません。

そんな一人の会社員が仕事や課外活動で鉄道やバスを中心としてどう関わり考えてきたのかを書き連ねたものですので、具体的な何かの裏話みたいなものはご期待なさらずお付き合いいただければと思います。もちろんそういった話はいくらでもありますが、特に自身の名前を出した事柄でないからこそ、それは仕事上で。また、具体的な固有名詞はあえて使っていないところもあります。どうしてもその固有名詞のイメージに引っ張られてしまうこともあるので、肩の力を抜いて読んでいただければと思います。

ちなみにタイトルの通り、私はあくまで相談先です。電車やバスを運転する免許を持っていませんので直接動かせません。セミナーでお話しさせていただいたことがあるぐらいの専門分野もありますが、直接的に輸送に関わる内容ではありません。その中で、新しい企画や課題解決に向けて、相談に対してどうアプローチを行ってきたか、相談がよく集まるようになってきたか。そうした内容を、交通業界だからこそのことも、そうでなくても広く世の中に共通することも隔たり無く書き連ねました。

書いてあることは、ごく一般的な部分も多くあると思いますが、意外と気が付かないこともあります。そんな気付きのきっかけになれば幸いです。

第1章

仕事として鉄道に関わるまで

まずは、鉄道やバスに興味を持つ私が、どのように鉄道やバスの企画、仕事に関わるようになったのかをご紹介したいと思います。

趣味としての鉄道人生の始まり

東北新幹線と上越新幹線が開通した1982（昭和57）年。東京都世田谷区の日産厚生会玉川病院で産まれました。母のお腹の中にいる時から母の乗る地下鉄やバスの音が胎教となったのか、家の目の前が頻繁にバスが通る道だったからかは定かではないですが、バスや電車に興味を持ち、初めてしっかり喋った単語は〝バス〟、初めて書いた漢字はお絵描きのバスに書いた一筆書きで〝出口〟だったそうです。後にそのバス会社に入社することに。

両親ともに鉄道やバスに造詣が深い訳ではないのですが、東急田園都市線の高津駅高架下に当時あった「電車とバスの博物館」や、「鉄道博物館」の前身でもある万世橋の「交通博物館」へよく連れて行ってもらったのを覚えています。特に、「電車とバスの博物館」の入館券は今も数多く手元に残っています。当時は入館料10円でした。

この時点で、将来なりたい職業は、東急線の車掌さんでした。

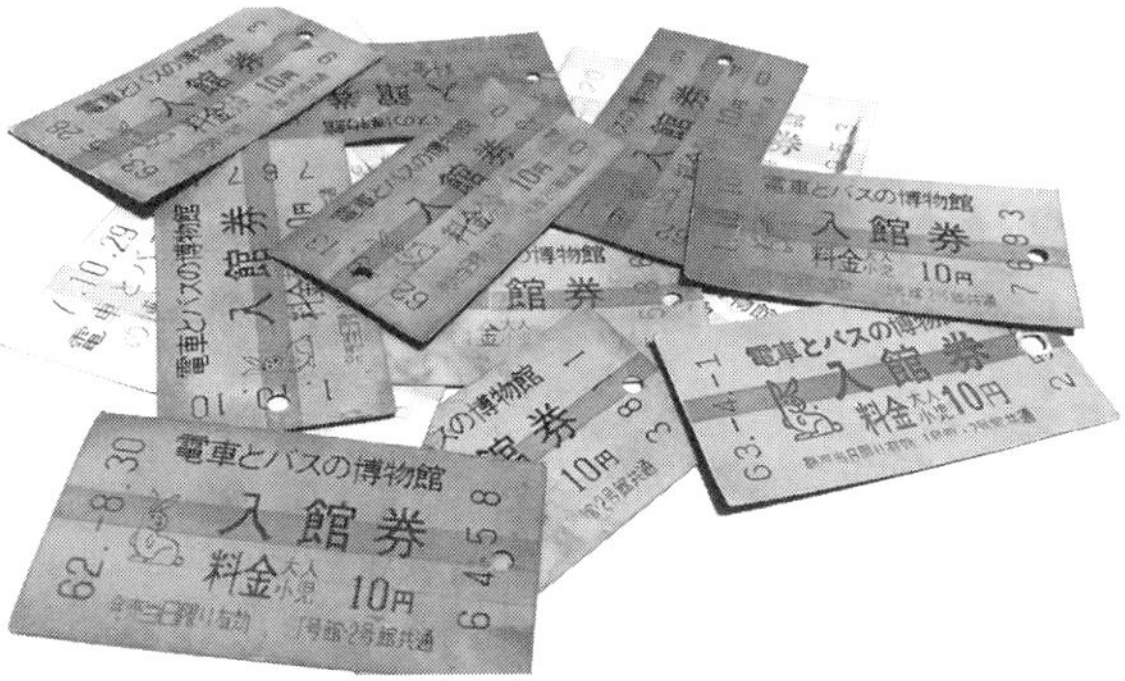

「電車とバスの博物館」の1987(昭和62)年頃の入館券。当時の入館料は一律10円。この金額設定では発券などの経費に見合わず無料でもよいのではと考えてしまいますが、実際にお金を券売機に入れて、出てきた券で自動改札機を通るという電車に乗る体験を、幼い子にもしてもらおうという意思の現れかもしれません。そう考えると、現在においては何をすべきなのか、改めて考えるきっかけになりました。券面が見えなくなってしまったものは処分してしまいましたが、それでもまだこれだけ残っています

小学生になると、夏休みには、当時東急線のほぼ全駅の90駅程度を回るスタンプラリー「すたんぷポン!」に参加したり、両親の田舎の伊豆へ一人で自由席特急券を買い、特急「踊り子」号とバスを乗り継いで、祖父・祖母のもとに行くなど、行動範囲が増えます。そして、プラレールだけの世界から、Nゲージと言われる線路幅が9(Nine)㎜の鉄道模型と出合うのです。この年頃は鉄道から心が離れるかどうかの分岐が多いと思われますが、このような状況で変わらず鉄道やバスが好きで、小学校の卒業アルバムには、将来なりたい職業は設計士とありました。

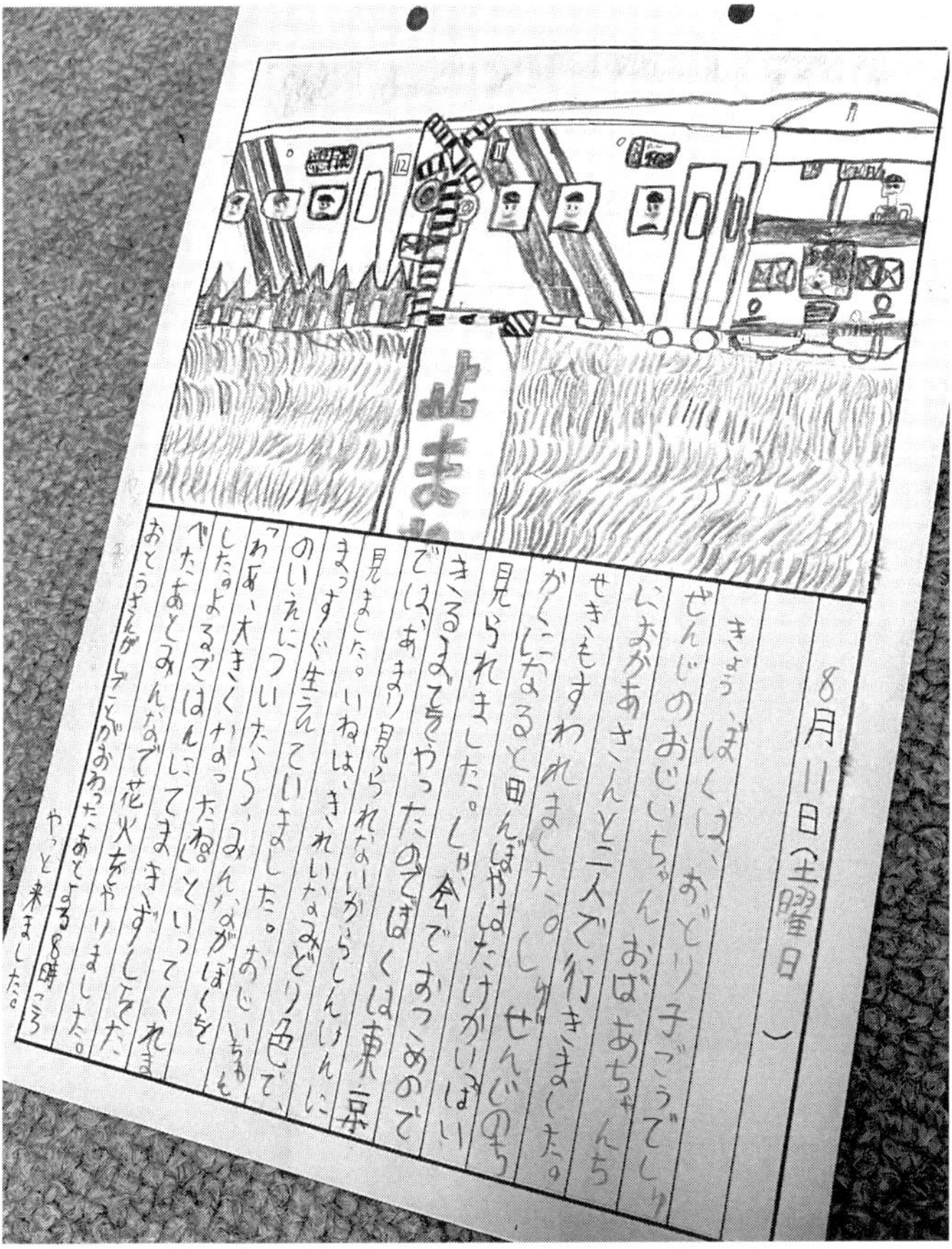

祖父母に会いに行った185系特急「踊り子」を描いた夏休みの絵日記。親がいろいろなものを残してくれていたことに感謝

中学受験にあたって「毎日東急線に乗れる！」という動機も勉強の後押しになったのか、目黒から一駅の不動前にある中学高校一貫の男子校、「攻玉社」へ通うことになりました。鉄道研究部とスキー部に入部し、鉄道研究部では、学園祭に向けた鉄道模型ジオラマの制作や夏休みの合宿、スキー部では合宿先への列車選定など友人と盛り上がりました。

そして、高校生になると、鉄道やバス以外に具体的に興味が出たものが現れます。それが「ラジオ」でした。中学生の時から深夜のラジオは聴いていたのですが、聴く側でなく番組を作る側としてのラジオです。可聴範囲が市や区レベルのコミュニティFM局の開局が相次いだ時期で、近所にも「エフエム世田谷」という局ができました。そこでは高校生だけで作る番組があると新聞の記事で見かけ、そんな番組あるのか！　とさっそく記事にあった連絡先に電話をして収録日に見学することになりました。

当時のデジタルカメラ（カシオQV10）で撮影したので粗いですが、それも時代を感じられる一要素でしょうか。番組制作中の一コマ

しゃべるだけでなく、録音を担当する人も高校生。後者のほうが興味があったので、それから休みの日にある収録に月一回程度行くようになりました。高校2年生まで科学好きの理系志望でしたが、行政に興味を持ち高校3年生で文系に転向。数学も化学も物理も試験に使わずセンター試験(現・大学入学共通テスト)で成蹊大学法学部政治学科に進むことになります。

この時点で、将来なりたい職業はラジオに触れたことで一旦白紙になります。

アルバイトを掛け持ちした学生時代

4年間、吉祥寺のキャンパスに通い、地方自治を主に扱うゼミに入りました。もちろん学問第一ですが、社会とより関わりを持つ経験を早くしたい気持ちも大きく、アルバイトをしようと探し始めます。現在では一部で副業も広まり始めていますが、複数の企業の業務に同じ時期に関われるということは、就職してしまうとまず難しいだろうと思い、この4年間でいろいろなことをやってみようと、動き始めました。

まず、お世話になっていた地元のコミュニティFM局で、週一日程度、朝の番組のアシスタントを始めました。担当するのが基本生放送でしたので、放送時間中に道路交通情報の整理を行ったり、リスナーからのメッセージをとりまとめたり、土曜日の生放送番組では、おでかけスポットと電話でつないで最新情報を伝える目的で、施設の選定からアポイントまで調整を行います。空いた時間に曲紹介のナレーション素材を使って編集をして音楽番組を作るなど、高校生の時の経験がそのまま直結する内容でした。ちなみに大学生だけで作る番組もあり、そちらにも参加しつつ、大学では放送研究会とは別にあった成蹊ラジオクラブに所属。ここはミニFMという微弱電波を使い決められた範囲内で実際電波を発信して放送するクラブで、学内を使ったマラソン大会では実況中継をするなどしました。

そして、今はなきアルバイト雑誌『ａｎ』を眺めていると、異色を放つ募集を目にします。鉄道運行情報の配信オペレーションという業務です。鉄道と情報発信という当時の二大興味対象が混ぜ合わさったこの募集に応募しない手はなく、大学一年生の夏頃から始めました。今では当たり前になりましたが、鉄道の運行情報をＷＥＢサイトに掲載したり、携帯電話にメールで配信するものです。自分が打った文章が世の中に出るということに感動すると同時に、責任もリアルに感じます。

アルバイトの掛け持ちはまだ続きます。外出帰りに、時給１２００円というアルバイトの募集ポスターを駅で見かけたのでした。内容はホーム整理員。平日の朝ラッシュ時のホーム上で、お客さまをご案内をするというものです。意外と駅員のアルバイトは認知が少ないのか、駅でアルバイトをしていると大学で話すとびっくりされることが多かったです。そうして大学1年生の終わりから、平日の朝は表参道駅で働くことになりました。もちろん鉄道に興味がある人が多かったのですが、場所柄都合がいいからと来ている人もいて、大学同期よりも顔を合わせていた気がします。そうして二年生からは、早朝に起きて表参道駅でアルバイトを一時間三十分程度、大学に向かい二限目と三限目の授業を受けて、週二日くらいはそこから運行情報の配信のアルバイトへ向かい、終電で帰ってくることがほとんど。さらに、土曜の午前中はラジオ局のアルバイトと、今見返してみると、どれも共通しているのが「リアルタイム」に関わることかもしれません。それ以外には、試験官補助や花火大会のビール売り、出版社の営業などいろいろやりました。

一人で鉄道で旅することも何度かありましたが、それよりも飲み会帰りにみんなをクルマで送っていくことの方が断然多かったです。元々お酒が飲めないからこそなのかもしれませんが、東北自動車道に乗った後、横浜に向かったりするほど、自らで運転する喜びと、友人と一緒に移動するということが楽しかった。よくそこまでできるねと言われても、自分にとってとても大切な時間でした。こうしたことからも、やはり移動に関わる仕事に携わりたいという気持ちが強くなります。

そして、それなりに残った必要単位を気にしつつ、就職活動に入ります。

アルバイトの経験からも、実際にお客さまをご案内する仕事は魅力的で、その上スピードを求められるのが合っているなと思いました。ただ、就職氷河期と言われた時期のほぼ最後の方だったのですが、会社や職種によっては募集なしということもありました。当時のデータが残っていたのですが、エントリーシートを送ったのは鉄道会社(JR東日本、JR東海、東京メトロ、東京急行電鉄、小田急電鉄、京王電鉄、京急電鉄、京成電鉄)と東急バス、成田国際空港、TBSラジオでした。この時点で今在籍している西武鉄道はエントリーシートも出していなかったのです。ラジオ局の総合職採用がほとんどなく、

放送向けのストップウォッチ。高校生でこの存在を知り憧れて、アルバイトで稼いだお金で購入。コンマ以下の秒数は出ず、時間計算もできるすぐれもの。通称「サンプロ」

「今年度の採用募集はありません」の表示に涙したものです。

第一志望の東急バスに無事内定し、社会人となるわけですが、入社当時は東急の制服を着ていたのに、その後なぜか緑色のＪＲマークのついたヘルメットを被り、さらにはほとんど乗ったことのなかった西武鉄道にお世話になるとは、この時はもちろん微塵にも思っていないのでした。

社会人の第一歩、東急バスで働き始める

憧れの東急の制服を着て営業所へ。基本は朝から仕事して翌朝までの泊まり勤務。まだ当時はバスの現在位置がわかるバスナビゲーションシステムも入っていなかったため、駅前で運行調整と呼ばれる増発等の対応などをしていまし

た。実際にバスの運行に関わる仕事に触れることで、一気に自分事になったのが、いわゆるダイヤと呼ばれるものです。運行のスケジュール表で、格子状に線が重なり合っているものを見たことがある方もいらっしゃるかもしれません

勤務時間の計算に便利な、時間計算機能付きの小型電卓。どこでも計算できるように胸ポケットに常に入れていました。今でも現役

が、実際にはそれに即して、どの運行にどの車両をあてるか、そして誰が運転するかといったものがセットになって初めて運行できます。基本のダイヤを作成する大変さの他にも、それを運用する大変さも自分事として実感しました。

当時「社会人として少なくとも三年は経験を」とよく耳にしていましたが、結果として一年未満で退職しました。しかし感覚的には三年以上に濃く感じました。そして、その後の仕事においても、凄く大切な時間だったと感じます。

転職先も交通系

その後は、大学生の時に運行情報配信のアルバイトでお世話になっていた、時刻表情報サービス（現・JR東日本アイステーションズ）で、電車内の映像媒体の新規業務が始まったタイミングでもあったので、社会人採用されました。今や広く導入されていますが、電車のドアの上にあるモニターです。デジタルサイネージの世界に入ります。

今まで音だけで伝えるラジオに興味を持っていたのに、逆に音のない世界へ入るというのも不思議なものです。主に、ニュースや天気予報などを表示するシステムを手掛け、また映像のアスペクト比(縦横比)が、テレビ放送の地上波デジタル化もあり4対3から16対9へシフトする真っ只中で、専門書を読み漁っていました。そうして三年ほどが経過し、日々仕事量も拡大していきましたが、自分のコントロールが上手く行っていなかったのか、ストレス障害で約半年間休職をしてしまいます。この経験は今までの人生の中でも大きなインパクトがありました。

復帰後、親会社のジェイアール東日本企画に出向となり、就職活動をする時に、漠然と「金融と広告は合わなそうだな」と思っていたその広告会社で仕事をすることになるのです。ちなみに広告は合わなそうと思った理由は、飲み会とかが凄そうだなというイメージなだけでした。

今まで携わっていたデジタルサイネージの新たな取り組みに関わるようになり、「デジタルサイネージ推進プロジェクト」という実証実験の事務局を担当しました。ＪＲ東日本だけでなく、東京メトロはじめ首都圏11社の共同実験で、今まで担当していた車内のデジタルサイネージの順調な拡大に対し、これからの駅構内のデジタルサイネージのあり方を模索する中で、広く各社が集まり駅構内に適した次世代型デジタルサイネージ広告メディアの可能性を探っていくといったものでした。当時としては画期的な顔認識システムによる効果測定を行うなど、取り組みもシステムも新しいこと尽くめでしたが、ここでさまざまな鉄道会社やそのハウスエージェンシー(子会社の広告会社)の方々とご一緒したことで、人のつながりの幅が広くなりました。所属していた部署も、営業と制作のどちらも一気通貫にやるような部署で、シェアサイクルなど業務も多岐にわたります。

そのうち、鉄道に興味があるということから社内で相談が増え、テレビ番組や芸能事務所とも関わるようになり、CS放送の鉄道チャンネルやラジオ番組に出演、DVD「車両基地」の監修や、新しい鉄道グッズの開発につながるのでした。

特にテレビ番組については、相談が来た内容に対し、これはA社さん、これはB社さんとご紹介し、首都圏の鉄道全般とお仕事させていただきました。そうしているうちに、鉄道を題材とするマンガ「鉄子の育て方」で、鉄道会社広報という設定の登場人物「手老善子」のモデルとなりました。当時はまだ鉄道会社の社員でも広報担当でもありませんでした。結果、鉄道会社の広報になるのは予言なのか運命なのか定かではありませんが、実写ドラマ化もされ、撮影現場の立会で俳優さんに演じていただいている光景を見て、不思議な気持ちになるのでした。広告会社って面白いことの連続です。

そしてついに鉄道会社に

その後、地方のデジタルサイネージ導入推進などの仕事を経て、ご縁があり2015(平成27)年に西武鉄道へ転職します。

入社後は、今まで携わってきたデジタルサイネージ関連を中心に仕事をするものの、以前からの人脈で入社直後に「タモリ倶楽部」が西武鉄道で撮影をするにあたって出演したことで社内に顔が売れました。2020(令和2)年には、新型コロナウイルス感染症が急拡大し、市中からマスクがなくなった中、広報部へ異動、その後2022(令和4)年にマーケティング部に異動して、サービスイン目前の乗車ポイントサービスを担当しました。

最近では、転職される方も多くなったと思います。自分はあまりない職歴から得られたものを、今日に活かすことができていると思います。コンビニ業界で言えば、ローソンからセブンイレブンに、そしてその後ファミリーマートに転職するようなものでしょうか？

最近では、東急の車両が西武へ譲渡されるなどのニュースを見て、後輩ができたようで不思議な感覚です。社会経験という意味では私が就職前から走っているので先輩ですね

会社員・手老 善のおすすめ乗り鉄
「今日、午後休いただきます。」

都心から、午後だけお休み取っても乗れる範囲で平日夕方から夜に今のうちに乗っておきたい鉄道を紹介します。例えば車両の引退間際はもちろん、編成数が少なくなってからでは、行ってもその車両に出会える確率は大きく下がります。日常を体験できるのは、この上なく贅沢な体験です。観光でもなく、平日の帰宅ラッシュとは逆向きの列車で、頭をからっぽにして鉄道を味わいませんか？

❶ひたちなか海浜鉄道

学生の利用も多く、活気がより感じされる。途中の那珂湊駅で行き交う気動車を眺めるのも良いですね。

❷流鉄

元西武鉄道の２両編成の電車が行き交う路線。交通系 IC カードが使えないが、だからこその改札周りの雰囲気がある。全６駅とも味がある。

❸秩父鉄道

コロナ禍前は平日夜の上り急行「秩父路」は、夜汽車感があってよく乗りに行きました。現在は急行も本数が減ってしまい、陽が落ちるのが早い時期に夕方の便が狙い目か。

❹JR 八高線

旧来の車両から革新的に変わって見えた新しい気動車のイメージがあったキハ110系も、八高線を走り始めて30年が経過。単線のため、時々ある交換待ちの時間がまた良いです。

❺西武鉄道

飯能～西武秩父駅間の各駅停車には、クロスシート２ドアの4000系が主に使われ、旅情を誘う。秩父へ行きは Laview で車窓も楽しみつつ、帰りは暗い中走る4000系というのもおすすめ。正丸トンネルの快走は必聴？

❻江ノ電

オールドスタイルの300形は残り１編成でも、江ノ電が公開している列車位置情報サイトで、どの形式がどこを走っているか分かるので、狙い目。観光で混んでいる時間帯でなく、日常の江ノ電もいいものです。

第2章

アイディア鉄道マンの心がけ

社内外や業界を問わず、アイディアを求めた方々から鉄道やバスに関する相談を受けてきました。相談とは情報の宝庫。ニーズや課題を知る貴重な機会です。鉄道やバスそのものだけでなく、掛け合わせられる相手をどれだけ知っているかも重要です。輸送の安全、安定、安心の上で、どう考えていくか。そんな経験の一端たちです。

アイディアは実現してこそ価値を持つ

アイディアと一言にしても、ビジネスの仕組みであったり、商品企画であったり、グラフィックデザインであったりさまざまです。もちろんその時に課せられた役割を全うするのは当たり前として、その枠で収まらないのが突然くるアイデアの相談や質問です。相談を受けるということは、相手は答えを求め、もしくは確証を得る確認作業であったりする訳ですが、**相談によって得られる情報が、相談を受ける人のメリットかもしれません。**

例えば仕事関係の飲み会の席でも、上司から「ここからは有料!」と言われるほどにどんどんアイディアを相手に投げます。相手と話すことによって思いつくこともあります。ただ、この段階では飲み会を盛り上げるネタでしかないのです。また、他の人がすでに考えていたものと同じことだって十分あります。

どんな素敵なアイディアも実現しなければそこまでなのです。特に制約の多い鉄道に関するものはなおさらで、**実現することが大変です。**

例えば商品であれば、売れなくてはいけません。私の身の回りでも、考えついたアイディアがSNSで「こんな商品があったら買う！」と話題になったけれど、実際に販売してみたら全然売れないということがあるぐらい、実現したとしてもよい結果に結びつくとは限らないのです。

ですので、アイディアを仮でも一部でも実現することが、大きな意味を持ちます。**「アイディアは面白いけれど……」と止まってしまう話を進めるためには、実物が目の前にあることでより現実味がでます。**できる範囲で試してみる。例えば、商品の外装であれば、企画書だけでなく、実際に簡易にデザインを組んで印刷して実際の商品に貼って見せる。企画を進める段階ではこれで十分です。仮のものを出すと、最終形に向けて改善するところを細かく指摘されることもありますが、100%の物を出す必要はなく30%でもよいのです。ただし30%なりの粒度にしないと、仮のものを相手が70%程度の完成度と認識してしまうと、その差の40%足りていないという部分にばかり焦点が合ってしまいます。仮として入れる情報の粒度もしっかりコントロールが必要です。

アイディアを一人で実現するということはとても大変なことなのです。だからこそ、実現に向けて、それが支持を得るために、自らのチカラで最大限の結果を出せるようにすることが大事です。周りの仲間を巻き込むのはもちろんのこと、独り言のように突然話題を出してみて様子を伺ったり、自分に課題があるからこそ逆に他の人の近しい課題をあえて聞いて答えを導きつつ、共通項を見出し一緒に進んでいくなどして実現に近づけます。

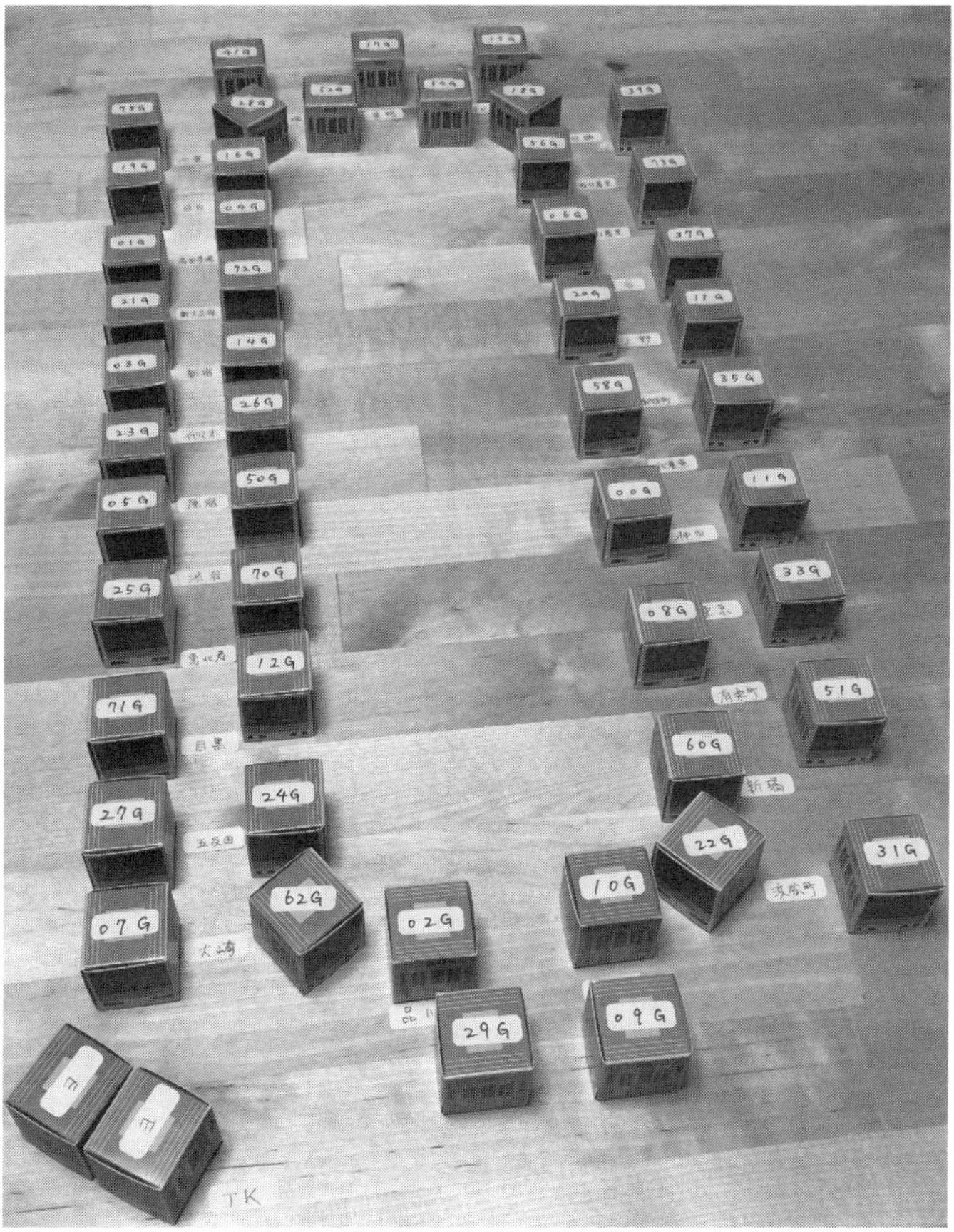

山手線が平日朝のラッシュ時にどれだけ走っているかを可視化しようと、電車のお菓子の箱を使って実際に配置してみました。今ではアプリで実際の電車の位置まで画面で可視化されていますが、そうしたものが無い時に一目で理解してもらう例

相談室!? からのアドバイス

- あふれるアイディアは実現してこそ価値がある
- 実現に近づくためには実物の用意しよう！
- 一人で考えず、周りの人に相談、雑談を投げかけよう

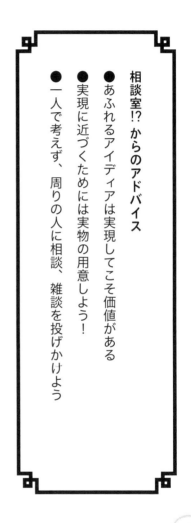

アイディアは自分で使う必要はない

自分の頭の中にあるアイディアが、いつの間にか世の中で実現していることがあります。それは相談してくれた相手のものもあったりします。先に述べた通り、アイディアは実現してこそ価値を持つのですが、昔は口に出さずとも「アイディアを真似された！」と思うこともありました。ふと立ち止まって考えてみると、自分の手を動かさなくても他人が実現してくれた。しかも、ものによってはお金を払えば買えると喜ぶようになりました。

実際のところ、自分への相談がもとで実現したり、それが評価を得れば、また相談はくるでしょう。蒔いた種を育てる人は、必ずしも自分ではなくてよいというスタンスで、私は種をばら蒔くだけ。育てた人が種についてわからなければ、どんな種だったのか、どうしたら種が入手できるのかなど、蒔いた人に声をかけてくれるでしょう。

そうやってリアクションがあれば、それは自分のアイディアが何らか影響を与えたという結果です。そうして**自分周辺の成功体験が増えることが、最終的に自分にプラスになります。**むしろ、自分が出したアイディアというトスが、思いもよらぬ発展を遂げることだってあるのです。

一方で、相談された相手とは、実現に向けて動いている時、そして諦めた時でも、よくコミュニケーションを取る必要があります。そのような結果になった原因をヒアリングをするのもまた自分のためになりますし、変な方向に行かないように見ています。アイディアという力をよく使うか悪く使うかも使う人次第。誰も得しない結果になってしまうのは残念以外にありません。部分的にでもできた成果は、その時失敗と思ったとしても、やがて違う企画の成功のカギになる可能性があるのです。

最終的には「ゴールに向かう上でよくわからないけれども欠かせないらしい」

と自分を思ってもらうことで人のつながりが広がればよい循環につながります。

極端な話、「風が吹いて桶屋が儲かる」なら、気象好きの桶屋であれば予測はつくかもしれません。そして他の分野の知識と経験を持つことで、風が吹く以外に桶屋が儲かることを見つけることができるかもしれません。何度も風が吹いても桶屋が儲かるとは限らないのですから。

そして、〝あれオレ詐欺〟とはよく言ったもので、「あれやったのオレ」という、ほとんど関わっていないけれど自分がやったのかのような話を聞くこともあります。私はあくまで相談相手で、きっかけを作って大まかな絵を描いているかもしれませんが、実際の制作については行動をしていなかったりする場合がほとんどです。だから到底「あれやったのオレ」と言えることは少ないのですが、**自分が絶対に外せないピースであることは、しっかり認識してもらう努力をする**必要はあります。

そしてそれを続けることが自分のブランディングにつながるのではと思いま

す。

目立つことが目的であったり戦略でなければ、目立つのは少ない方が気が楽です。やっぱり実現が一番の目標なのですから。

相談室!? からのアドバイス

- 自分のアイディアの成功例を増やそう
- 成功体験の数が、自分の価値につながる
- 失敗したときこそヒアリングが未来の糧になる
- 成功に欠かせない存在になることが人脈のよい循環になる
- 必要となることで自分のブランディングを高めよう

解像度の設定を合わせることも大切

時折、相談の中で「鉄道ファンは細かいところまで指摘してくる」または「指摘されそう」という声を聞きます。多くは、そうなるのも当然だなと思う案件が多いのですが、大概は物事の解像度の問題だと感じます。

例えば、お子さま向けの玩具の場合、車両であればドアの数が実車と異なることはありますが、それを間違いだという指摘が入ることは多くないでしょう。それは、製品の立ち位置と解像度が合っているからです。どの車両をモチーフにしているかは明確であり、構成要素をしっかりと捉えて抽象化しているからと言えます。しかしながら、例えば高価な鉄道模型で同じようにドアの数が異なった場合はどうでしょうか？　これと同じことをやってしまっていないでしょうか。これは企画側の解像度の設定次第です。その匙加減がわからないのが一番の問題点です。そして、映像のように本物をそのまま映すようであれば、例えば音もその時撮ったものにするべきです。

例えば写真をベースにして絵を描いていても、細かい点をそのまま描いているのに、無意識のうちに違う解像度で省略してしまっているものがある。または、全てを細かく描いていても、そもそもの絵の設定と合わない場所や時代であったなど、もちろん鉄道以外にも言えることですが、解像度の設定ミスにありがちです。ただ、細かい指摘があるということは、それだけ熱意を持つ人達がいるということの現れでもあります。

鉄道はいろいろ細かそうだからとより多くの情報を入れようとしがちですが、時に情報を減らすことも重要です。そして**一番は、わかっているな！　と思わせる情報の削ぎ落とし方ができるかどうかが、コンテンツとしての価値を上げることになるのです。**

その上で、本物を寸法狂わず忠実に再現しても違和感があるといったことを

聞きます。それが鉄道模型です。ただ設計図通りに縮小して造形をしたものがいい製品とは限りません。どこまで細かく作り込めるかにもよりますが、最後は微修正を加え鉄道模型としてのバランスを整えていくと教わりました。普段、実物の車両を見る目線の高さと、鉄道模型を見る目線の高さが違うのも理由の一つかもしれません。

相談室!? からのアドバイス

- 解像度の設定は均一に
- 製品のターゲットに合わせた鉄道の再現度が重要
- わかっているな!　という鉄道ファン独特のツボの理解が解像度

お客さま目線は自分がお客さまになることから

「お客さま目線で考えよう」というフレーズは、どの業界でも耳にするかと思います。大切なことですが、さて、お客さま目線とはそもそもどんなものでしょうか。

お客さま目線とは、いわば他人の目線であって、それをいかに自らで想像するかや、実際にお客さまにヒアリングすることで理解をしていくことがスタンダードかもしれません。

ただ、そこにミスマッチがあると、お客さま目線を理解していると思い込んだまま、それに気付くまでズレた状況になります。もしかしたら何もしなかった方がお客さまにとってはよかったなんてこともあるかもしれません。理解は最終的には自分で行うもので、相手と全く同じ理解であるなんてことはそもそも不可能と考えたほうがよいでしょう。

その中で、**一番お客さま目線に近づけると思っているのが、自分がお客さまになることです。これから作り出すものであれば、類似の体験をします。**さすがにそろそろ老眼が気になってくるかなと思いつつ、視力は長らく両目とも1・5です。そんな中でメガネの商品開発に関わったことがありましたが、度なしのメガネを買ってしばらく生活しました。もちろん度がないのでレンズありなしの差がほぼないですが、それでも体感した気付きは多くありました。また、自らが関わったり相談に乗ったサービスなどは、限定品などお客さまの手に渡る数が減るなどの場合でない限り、なるべく自分のお金で利用することにしています。これが一番身に沁みます。試験環境でいくら確認しても本番環境そのものではないという点もありますが、それを超えて対価を払う行為はサービスにとって重要な要素です。実際にストレスを感じて、それを改善につなげます。

そして、参考にしたいサービスを特別に体験させてもらったとしても同様で、より深掘りしたければ後で普通に利用します。見本市や体験会でも、ある程度の感想は得られ、大切ではありますが、お客さまとしての行動を忠実に体験することで見えてくるものがあるはずです。

また、意図せず滅多に体験できないことに遭遇した時は、よくないことでもプラスに考えるしかないです。それはお客さまとしてでなくても同様で、私で言えば、退職も一つの体験です。下りエスカレーターで、スーツケースを無作為に前の段に置いた人がいて、後ろから歩いてきた人がその荷物を引っ掛け、勢いよくそのスーツケースが滑り落ちてきたところに自分がいて、直撃を受けて救急車で運ばれたのも一つの体験です。後遺症もなく無事でよかったですが、このことを啓蒙に使って問題ないですと管理者にお伝えし、実際その場で起きたことということでポスターを貼ってくれました。

おそらく体験しなくて理解できる人を天才と呼ぶのかもしれないなと思うの

です。

天才でなければ、時に痛みを伴なうかもしれませんが、自分で体験して理解するしかないのです。大概の人はテレビゲームをクリアするのに、ゲームオーバーなどの失敗体験を経て行く感覚かもしれません。

そして、よく**相手の立場を考えようともありますが、自分を相手の立場で考えてみるだけでなく、相手が自分の立場だったらどうなのかという視点も、課題が見える一助になります。**

こうして、自らお客さまとして得た感想については、紹介いただいた内容であれば担当の方に、そうでなければ適切な窓口にメールなどで伝えます。他の人が間に介在すると正しく伝わらないので、他人任せにせず、正しい窓口に連絡します。自分の所属会社で遭遇したところであれば、ちゃんと誰かしらに話をすることが所属する全員に課された役割だと思います。

相談室!? からのアドバイス

●お客さまと全く同じ体験をすることで、初めて見えてくるものが大事

●あらゆる体験が、アイディアのヒントになる可能性がある

●相手の立場に立つ視点も問題解決に役立つ

●気が付いたことは直接伝えて共有することも大事

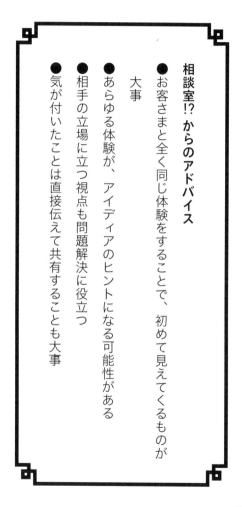

ＳＮＳ時代のヒアリング

アルバイトでラジオ局にお世話になっていた時は、ちょうどＥメールが普及し始めた頃でした。番組へのリクエストやコメントの多くは、まだまだ基本はＦＡＸか電話でした。

ディレクターの方から言われたのが、「**一つのお便りの背後には１００人の声があると思え**」ということでした。ラジオに限らず番組に何らかアクションしたことはありますでしょうか。アクションするまでの方はごく一部かもしれませんが、お客さまとして感じたことを届けてくれる大事な方々です。

時は流れ、現代ではスマートフォンやＳＮＳの普及もあり、情報を発信するハードルは格段に低くなりました。口コミといえば友人などからの話だったのが、いまやインターネット上で見られますし、１００件の同じ意見の投稿が、実は一人からだったということもあり得る時代です。

SNS時代だからこそ、数量だけではない分析が求められます。その声が誤解からなのか、理解されているけれど不満や期待があるからなのか、本質的に本当に必要なことなのかを認識していきます。最近では分析ツールの高度化もあるものの、結局は問題点から仮説を立て検証していく精度が高くなければ、自らの都合のよい方向だけに向かってしまい、本質を見失ってしまいます。

どちらの考えも、声を聞くという上でしっかり意識する必要があることですが、一番大切なのは自らが、どのような考えをもって対応していくかだと思います。情報を発信しやすくなったからこそ、よいも悪いもブレない発信がすべてではないでしょうか。

相談室!? からのアドバイス

- 数量よりも必要な意見を見抜く力が大事
- 自らの検証精度を高めることが必要
- 意見への対応、ブレない回答の発信がすべて

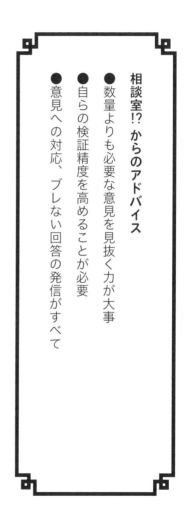

正しい表記

私は手老という珍しい名字なのですが、なぜか〝毛老〟と書き間違えられることがよくあります。それは身近な人でも有り得る話で、担任にもなった書道家の先生が書いてくれた卒業証書が間違っていた時に、なにか深層心理的な理由があるはずだと考えるようになりました。〝手〟を書いている時に、次に書く〝老〟の字を思い浮かべると最後の画のハネが意識的に前の字に影響してしまうのではという仮説を立てていますが、間違われた際に可能な限り収めている写真は一冊の本になる程です。

名前は重要です。そして、人の名前はもちろん、サービス名にも想いが込められています。**鉄道やバスで言えば、正確性は安全を支える重要な要素ですし、案内をする上でも齟齬が起きないように考慮すべき点でもあります。**特に、決めた側が正しく表記をしないのは本末転倒です。名前には、経緯があり、意味があるはずです。そして、その名前を使って人が動いているのです。そして、アイディアを伝える時は物事が始まる段階だからこそ、その時点で正確性がより重要です。最初から間違ったまま完成するという悲劇は避けなければなりません。未定やわからないことはそう書かなければなりません。たとえ輸送に直接関わらないことであっても、こういったことで鉄道の信頼を損なうようなことを避ける努力が必要です。文字そのものには写真のように上に被せて仮と書いておくことはできないですし、そもそも仮置きとしたのに写真がそのまま使われてしまうなんてこともあるのですから。

ずっと関東を拠点にしているので、関東に関することが多いですが、よく見かけるのは丸ノ内線を丸の内線としたり、●●ケ●駅を●●ヶ●駅(逆もあり、また地名と駅名で異なる場合も多数)、西武鉄道を西部鉄道や西武電鉄。また、番組などで取り上げられる際に、紹介する路線と異なる線の写真が出てくるなどです。特に駅名については、乗換検索のサービスが世に出始めた頃に文字のゆらぎなど苦労したと聞きます。現在は若干異なっていても正しい駅名を提案してくれ、検索することができます。正しい表記は、相手を尊重することにつながります。

さらに、相手を尊重するという点では、解像度の話にもつながりますが、固有のものを指しているわけではないのに、非常に具体的な提示をしてしまうことも避けなければなりません。制帽のデザインや帽章(帽子の前面についているマークなど)を、何かわからぬまま使っていることは多々見受けられます。時にその制帽を被った上で相手にも失礼な振る舞いがあったりすると、その程度の内容なのかと見る側からも見透かされてしまいます。

もう一つ、正しさについて鉄道に関する絵本の復刊の際に来た相談の話です。

『しょうぼうじどうしゃ じぷた』や『とっきゅうでんしゃ あつまれ』など、

西武鉄道国分寺線恋ヶ窪駅。
駅は街の顔とも言える存在。
恋ヶ窪のヶは小さい

数多くののりもの絵本を世に出してきた山本忠敬さんの生誕100年を記念して、山手線を題材にした『でんしゃがはしる』が復刊するという話を、当時京浜急行電鉄で広報を担当されていた飯島学さんからご紹介いただきました。飯島さんもまた出版社さんから相談を受けていたのです。

山本さんの絵本の中で、『しゅっぱつ しんこう!』という、田舎のおじいちゃんに会いに行く話があります。都会から特急や急行を乗り継ぎ、最後に改札口に迎えに来ていたおじいちゃんと再会するというストーリーです。私も幼い頃から何度も読んでおり、その絵本に描かれる鉄道員の姿は、鉄道の仕事に興味を持ったきっかけの一つでもあります。今でも書店の絵本コーナーでよく見かけます。

そんな山本さんの絵本でも『でんしゃがはしる』という国鉄山手線を大崎から外回りで一周する絵本は、幼い頃に読んだ記憶はあるのですが、長らく書店には並んでいませんでした。細かい点で実際と異なる点があるなど指摘の声があり、その後増刷されていなかったので、復刊にあたっては取材当時の実際の状況と絵本の内容がところどころ異なる点を検証し、対応する必要がありました。飯島さんがチェックした内容を、私がダブルチェックをして、最終的に絵そのものは修正を加えず、文字部分を修正し、その見解を奥付けに書くこととなりました。

これも解像度の話に通じるところがあります。出版社の方々の、お子さまが触れる情報の正確性への姿勢はとても勉強になりました。さまざまな安全、安定、安心があるのを知るのが、自らを顧みるいい機会になりました。

相談室!? からのアドバイス

●情報の正確性は、大概は想像以上に重要

記録する、記憶する

最初に就職した会社を退職した後に、自分の制服姿の写真が一枚も無いことに気が付きました。日常の仕事中の風景をわざわざ撮影することはないですが、だからこそ、そうした機会でも作らないと日常の記録というものは残らないんだなと思います。何気ない風景を収めるようにしていますが、それでも後々撮っておけばよかったとなるのが記録の常です。職業柄、現場写真をたくさん撮ることがありますが、写っていない〝あともうちょっと右側が知りたかった〟などの経験をよくしてきました。そんなこともあってか、何か面白い事例であったりアイディアに活用できそうかなと思うと周辺も含め写真を撮るようになりました。デジタルカメラの普及と高性能化の賜物だと思いますが、最後の砦の如く「あの写真撮ってたりしますか?」という相談がよく来ます。

希望の写真があれば、また同じような相談が来て、何で必要なのかの会話から新しい企画の始まりになったりするのです。ちなみに記録する写真の撮り方は使われそうなイメージをしながらおさえることが重要です。例えばポスター用の写真を撮るとなった際には、文字が入る余白を考えて構図を考えたりすると思いますが、同様に、この記録を何に使う可能性があるかなと想像しながら違うカットも撮影しておかないと、あと一歩で役に立てないということもあります。価値があるから記録することはもちろんですが、その時点で価値が見出だせなくても、**将来の価値をどれだけ想像して撮るかの心がけがなければ、意外と普段の記録というものは残っていかない**なと、あの時の写真がないと悩む度に思うのでした。

アイディアと一緒で、記録も使ってこそ価値があるのです。そういった意味では、デジタルになりデータは大量にあるけれども使うことがなく、埋もれてしまうことの方が、意外とフイルム時代より多くなっているのかもしれません。

さて、今度は長期的な目線とは全く逆、すぐ使う記録の話です。何か発生した際に写真を撮るのは重要な記録ですが、時間を記録するのも重要です。時系列にまとめるのに、メモがあれば何時何分と書きますが、とっさの時にはとりあえずスマートフォンのスクリーンショットを撮れば時間が記録されます。人が目の前で倒れているなどで応急手当をする時、対応し始めた時間を記録するのに、自分の中ではベストだと思っています。

とっさといえばアイディアを思いつくのも突然の場合が多いですが、その場でメモを残さないと忘れてしまう可能性もありますし、いいアイディアを思いついた！　という記憶だけ残るのが一番悲しいことです。一方で、メモを残さなくても覚えているぐらい、いいアイディアかというバロメーターにもなるので、忘れてしまった時はそれまでなのかもしれません。思いついた自分さえ覚えていないことが、どれだけ人の心を動かせるか。思いついた時には具体的な

車両や駅舎などは目立ちやすいですが、見ればどこかわかるけれど写真を撮ってあるかというとあやしいものは結構あります。写真は再開発で消えゆく渋谷駅西口の床

イメージを持つことで想いを巡らせます。記録は他人も見ることができますが、記憶はそうはいきません。記録してはいけないということでは無いですが、相手の中に記憶されるようなものを求める時は、自分でも記憶できるものでないと、とは思います。

相談室!? からのアドバイス

- 将来使うイメージで記録を残す、そして使うことが大事
- アイディアの記録は時間とともに
- 忘れない記憶はいいアイディアの可能性あり

スピードを上げるためにあたりをつける

アイディアは瞬発力が重要です。そのためには、判断の回数を少なくすることも重要です。ざっくりですが、鉄道の車体であれば長さ20m前後、幅3m程度、高さ3m程度などがわかっていると、何か企画を立てようとする時に、検討できそうかなというあたりがつけられます。そして、鉄道の特徴でもあるかもしれませんが、ある程度のフォーマットは長らく変わらず続いています。線路やホームを変えようとしても、車両が対応できなければならず、逆に車両を変えようとしても線路などが対応できなければ変えることができません。

近年ではホーム可動柵などの導入により、ホームの強度や車両側のドア位置の統一などがあるのが大きい点ですが、この鉄道周りのあたりのつけ方は、一度習得すると長く使えます。

ちなみに、このあたりのつけ方では、日常の行動において一つ自分に課題をかけていて、狙った出口の前後1ドア分までを許容として、降りたい駅の出口に合うと思われる場所で電車に乗り込みます。普段使っている駅であればどこが近いかなどがわかるかもしれませんが、何号車の何番目のドアというのを覚えなくても、例えば階段一つが約1両分の長さ、コンコースを車両半分〜1両分程度と考えると、両サイドに階段がついた箇所は、階段の両端の間がだいたい2・5〜3両分といった具合です。

もちろん、なんとなくの構造が頭に無いとわからないので、毎回ここまでできるわけではないですが、取引先の方と移動していると驚かれます。その感覚を持ちつつ現場を確認していれば、あそこに何が置けそうだな？　などあたりがつけやすくなります。

そして、こうしたあたりをつけておくのも、アイディアをすぐ出せるようにする上で重要です。ただ、アイディアは膨らませても、実現に向けたキックオフをするとは限りません。動き出せばマネジメントが必要だからです。そして頭や手を動かす時間が必要になります。案件が多くなればやがてオーバーフローします。いざ実際に具現化しようとしたら、時間を長くかけないようにしなければ中途半端に終ってしまいますし、**アイディアは実現してこそ価値を持ちます**から、逆に実現しなかったものとしてアイディアそのものがよくなかったと見えかねません。すべてはアイディアを実現するために。

相談室!? からのアドバイス

●基本的情報のあたりをつけることが判断力を早める
●アイディアをすぐ出す、すぐ実現することに価値がある

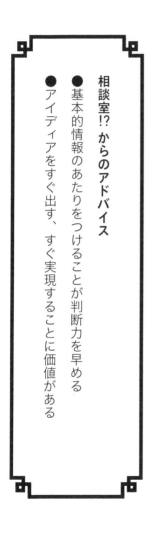

概ね300㎜角か400㎜角のタイルが多く、1枚のタイルの寸法がわかれば、何枚分か計算することで概ねの寸法はわかる。タイルのサイズは自分の足のサイズで検討をつける。ちなみに私の靴のサイズは31㎝！

エレベーターのボタンで実践してみた

就職して初めての勤務先であるバス会社の営業所において、運行に関わる事務職をしていてふと感じることがありました。バスの運転士の方々に、安全面を指導するのですが、私はバスを運転したことがないのです。普通自動車第一種運転免許(現在では中型自動車運転免許8t限定)は大学入学後すぐに取得。最初オートマチック限定でしたが、入社前に限定解除してマニュアルも運転できるようにはしていたものの(業務でマニュアルの2t車を運転)大型自動車第一種運転免許や、旅客運送事業に必要な大型自動車第二種運転免許といった、いわゆる大型バスを運転する免許は持っていません。バスを運転するのが仕事ではないので必要ないと言われればそれまでですが、このままでいいのかなと感じました。いつかは取りたいと思っていましたが、その前にバス会社を退職してしまいました。運転はできなくても、場合によっては親より年上の運転士の方に教育や指導をしなければならないこともあります。その一つが〝扉を閉める際は、閉まり切るまでスイッチから手を離さない〟というものでした。

私は実際のバスで操作をするわけではありませんが、〝スイッチから手を離さない〟を、似たようなことで実践できないかと考えていました。そこで、エレベーターに乗った時と同じ要領だと気が付いたのです。

エレベーターはどなたでも乗れ、目的の階数を選択し、ドアの開閉も一定条件下でできるものです。最近ではほとんど見かけなくなってしまいましたが、百貨店などでエレベーターに添乗されている方の手元を見ると、しっかりドアが閉まって動き出すまで、お客さまとドアが当たらないようにボタン操作をすぐできるよう手を添えているのです。ただ、普段エレベーターに乗る時にそこまで意識しているでしょうか。

以後、エレベーターに乗る際、必要な行動がどうあるべきか考え、そもそも操作方法についてどのように案内されているかとエレベーターの業界団体やメーカー、またエレベーター自体に書かれている注意書きなどを読んでみました。自分としてどう行動するかは以下の通り決めました。

- **カゴが動いている時は開けるや閉じるのボタンを押さない**
- **扉が閉まってカゴが動き始めるまで、常にドア付近に目を向け、開けるボタンをいつでも押せるように手を添える**
- **閉めるボタンは、確実に一度押し、閉まり始めるのを確認する。閉まらない場合は、再度一度のみ押す**

エレベーターに乗った際、ちょっと意識してみてはいかがでしょうか？

こうした鉄道やバスなど、運行に関する考え方は、日常に置き換えたり、何か気付きを得るきっかけにもなるのではないでしょうか。

相談室!? からのアドバイス

●安全のための施策は、日常に置き換えて実感してみよう

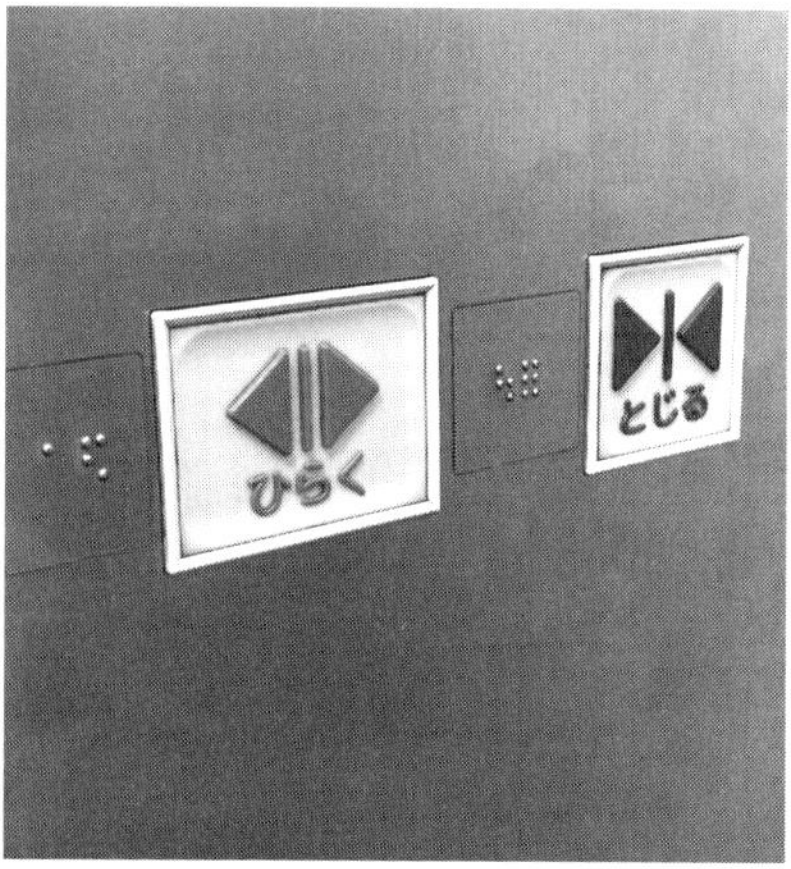

このボタンの押し方で〝スイッチから指を離さない〟を模擬実践してみました。今でも私は率先してボタンの前に行きますが、先に誰かがボタンの前にいても、全く我関せずの人の場合も……。他にボタンがあればそこに立ってバックアップ

指差し確認

鉄道員の真似をしてくださいと言われたら、「出発進行」と指差しして声を出しながら確認をする様を思い浮かべる方も多いかと思います。「そもそも出発進行ってどう言う意味？」というWEB記事なども時々見かけます。出発信号機という種類の信号機が、進んでもよいとして進行を現示しているという内容なのですが、ここでお伝えしたいのは信号機ではなく、指差や声を出して確認する〝指差呼称〟についてです。

鉄道業界にとどまらず、指差呼称は多くの業界で実践されています。指差喚呼、指差称呼など言い方は業界や会社によって異なるようです。そして方法も、一つではないようです。指差する手の握り方も親指を三本の指の内側に入れる、外側に出すといった点や、指差しする行為をしながら声を出したり、確認する対象を指差ししている状態で声を出したりなど差があったりします。また、二本の指で対象を指差しして確認する対象物の名称を声に出し、一旦手を耳元まで動かし、さらに指一本で指差しし直し状態を口に出すといったやり方もあります。

他にもいくつか見てきましたが、私が初めて教えてもらったのは駅員のアルバイトをしていた時でした。基本動作の上、もちろん指差す対象に注力するのは当たり前ですが、指差しで握った三本の指は自らを、親指は地面を指しているということを意識して、自分に向かっては指差し行為をしている自分自身が慣れで確認していないか、そして、地面に向けてはしっかりと周りを把握し、安全な場所に立っているかを意識的にしているかという心構えでと教えてもらいました。確認という行為は、確認する意識と環境が揃って初めてできることなのです。

ちなみに、他のアルバイトやその後の仕事でも配信作業を行う仕事が多かったので、指差し確認は自然と行っていましたが、**間違いないと思ったことも、最後に指差し確認することでミスに気が付けたことを何度も経験し、その重要性を体感しました。**鉄道と全く関係のない仕事でも、指差し確認を始めてみませんか？　異業種なりの気付きがそこにはあるはずです。それがもしかすると鉄道と共通する何らかの軸として見えてくれれば、鉄道とコラボするネタにつながるかもしれません。

ちなみに、敬礼も鉄道員を想起させるジェスチャーの一つです。こちらは流石に日常生活でできる機会のある方は限られると思いますが、その要因の一つに基本着帽状態で行うという点があります。ですので、一緒に記念写真を撮って欲しいと言われ、普通にスーツで脱帽状態の中、カメラマンの方に「駅員さんの敬礼のポーズで！」と言われると、実は少し困ってしまいます。そんな場合は、なるべく指差し確認をしたりします。

カメラよし！　と。

相談室!? からのアドバイス

●指差し確認、その心は最終確認

●異業種でも指差し確認することで防げるミスがある

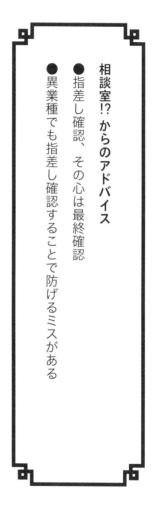

親指を3本の指の外側にするか内側にするかも、教わり方に差があったりするようです

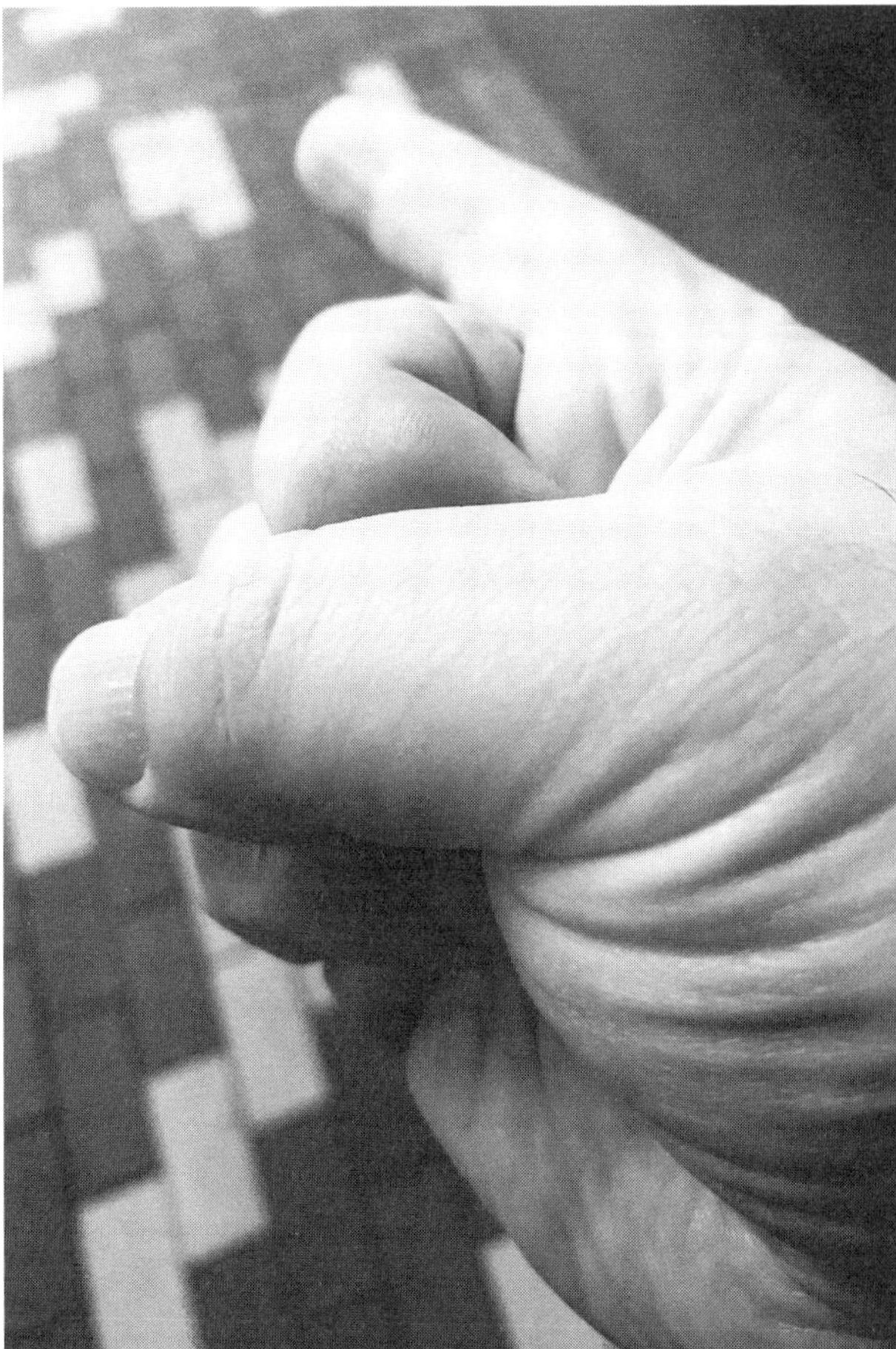

いざという時の持ち物

普段かばんに入れているもののお話を。

これまでの仕事柄、いざという時の対処をする場面は多くありますが、それは急病人などの緊急事態だけでなく、イベントなどで今すぐそれがないと進行が止まってしまうなどの事態もあります。とは言えなんでも思い付くものを入れればよいわけではなく、利便性に対してスペースや重さなどとのバランスで外出の際に持っていくかどうか決めるのはみなさんも同じだと思います。

その中でも、自らの体験で持ち始めたものの話です。高校で上級救命講習を受ける機会があり、その後なぜか救急車を呼ぶような事態に遭遇することが多く、駅でのアルバイトもするようになったので、大学では普通救命講習の指導要領を学ぶ応急手当普及員講習を受けました。応急手当としてイメージしやすいのは心臓マッサージ、人工呼吸、ＡＥＤ（自動体外式除細動器）の扱いなどだと思いますが、どれも実際傷病者に対して行いました。要領がいくつか変わることもあり、人工呼吸用のマウスピースを持ち歩いていた時期もありますが、実際の経験から持つようになったのはビニール手袋とビニール袋です。相手が出血している時など、自分と相手を守るために必要なものです。ビニール手袋は無くても、ビニール袋で代用することができます。

それ以外では、とりあえずこれがあればなんとかなったという経験を繰り返し、筆箱くらいの大きさの入れ物に次のものを常備しています。

- **ノック式油性ペン**
- **ボールペン**
- **Ａ４の白紙**
- **輪ゴム数個**

・折りたたみはさみ
（飛行機に乗る時は除外）
・口が閉まるビニール袋に入れた
硬貨（100円玉と10円玉）と
1000円紙幣
・非常用の羊羹と塩タブレット
・絆創膏

これだけでも、いざという時、
あるとないとでは大違い

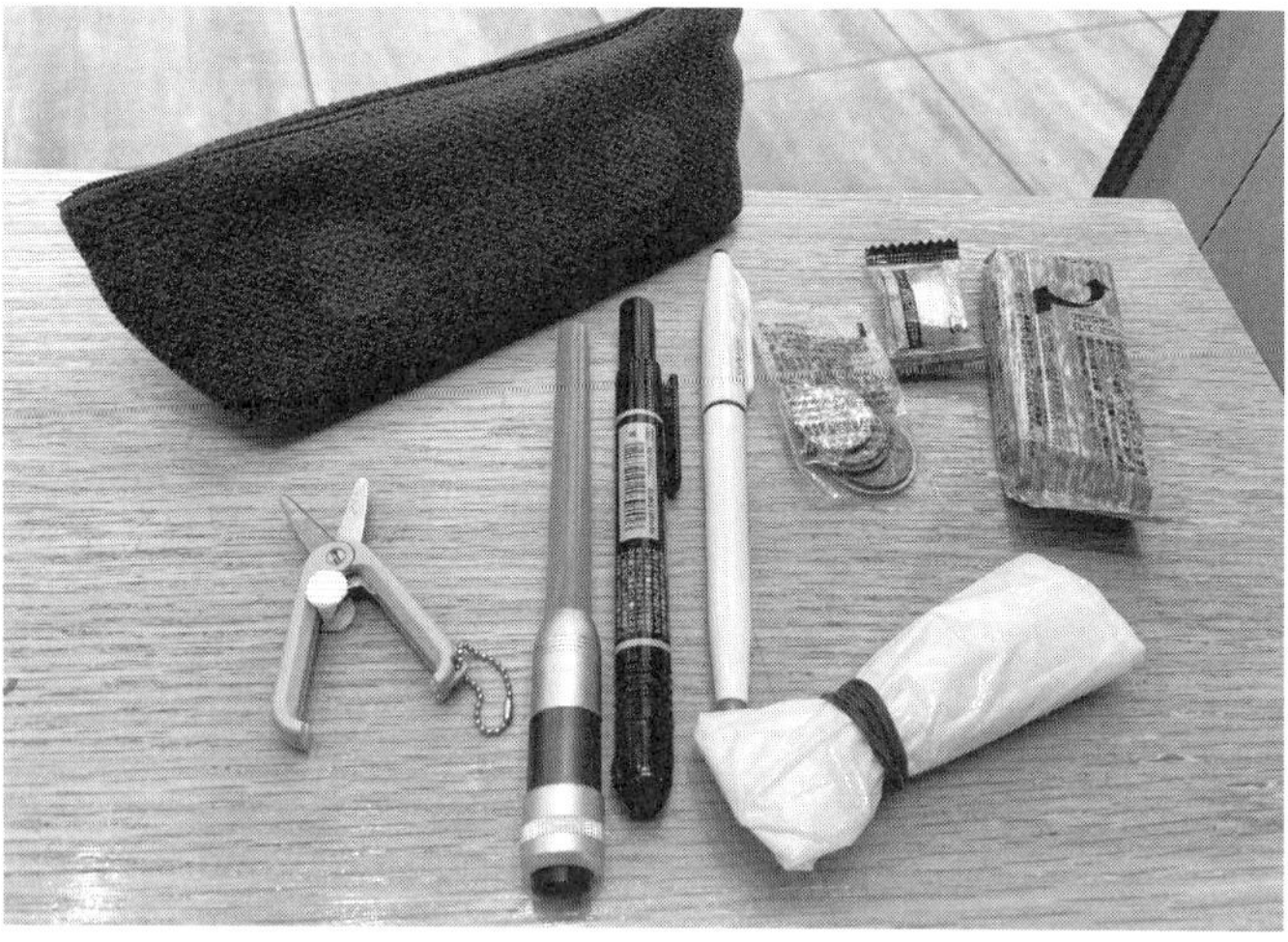

いざという時に使うものとしては、なるべく手間のかからないようにする必要があります。例えば油性ペンがノック式なのも、緊急時に油性ペンのキャップに意識を取られないようにするためです。メモ帳でなくＡ４の白紙なのも、その場で書き置きを残すのに不自然さを出さないためです。

そして、変わり種は、バス会社に勤務していた時にたまたま見つけて購入した、よく交通整理で見かける赤色に点灯する誘導灯です。油性ペンとさほど大きさが変わらないくらいで、ボタン電池を採用したコンパクトなものです。救急車を呼んだ時に、周辺の交通整理はもちろん、救急車に場所を知らせるのにとても有効です。

あとは、何にしてもスマートフォンがあればこと足りることも多くなったので、充電池内蔵のＡＣアダプタと充電ケーブルです。電池切れなどでスマートフォンに依存することの多さを実感し、バックアップのスマートフォンも持っています。ＩＤやパスワードがわかっていても端末認証がないと使えないサービスがあり、他の人にスマートフォンを借りても代用できないことも多くあるためです。

それとは別に、新幹線や特急など長距離を乗る場合などを中心に、車内で通常飲む分の飲み物とは別に、1本水を買うようにしています。500㎖でなくても小さくてもよいのですが、特になにか無い限りは降りるまで未開封にしておきます。長時間降りられないような時は飲むこともできますし、未開封であるからこそ何かあった際に衛生面で使いやすかったり、他の人に渡すこともできます。あくまで、これらは私の経験からですし、何に必要性を感じているからかにもよりますが、**物だけでなく、心構えとしてどう準備しておくかが発端です。**

相談室!? からのアドバイス

●いざという時は、自分にくるか周りにくるかわからない

●いざという時のための、心構えと用意を欠かさない

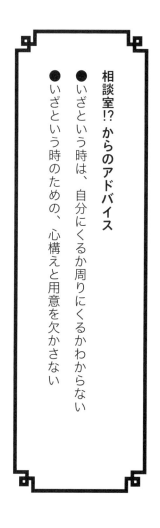

行動のスピード、質を上げる

仕事帰りに普段使わない駅で降り、乗ってきた電車が発車した直後に、ホーム上にいた方がフラフラっとしているなと気が付いた直後、吸い寄せられるように反対側の線路へ落下しました。すぐに一番近い列車非常停止ボタンを押し、落下した側の列車が接近している様子がないことを確認し、駆けつけた駅員の方と一緒に救護しました。ボタンを押して感じたのは、普段から何かあったらボタンで知らせるという意識と、常にボタンがどのあたりにあるかをなんとなく目で追っていたからすぐ押せたのかなと思いました。何か起きてから考えて行動するのでは、スピードも対応の質も大きな差が出ます。

また、ラジオ局でアルバイトしている時には、もし機材トラブルで放送が止まった時に、間をつなげられるようにいつでも準備をしていました。再生機器の代替手段だけでなく、それもだめだった場合、その時すぐ話せる話を三つ持っておくべきというものでした。一つだと時流柄ミスマッチな可能性があるからです。機材トラブルがいつ復旧するかなんてわかりません。もしかしたら自分で復旧作業をしながら話をつながないといけないなんてこともあったかもしれません。

極端に感じる部分もあるかもしれませんが、何かあった時によりリスクを減らしたい。そしてこうした思いは自分が至らなかった悔しさも原動力なのかもしれません。ほとんどが自分が困った経験があったから気付いたものです。ただ、**普段の生活で誰しもできることは、心身を整えることです。**行ける時にトイレに行ってておくのもそうです。体調が悪いからとトラブルが待ってくれるわけでもないのです。

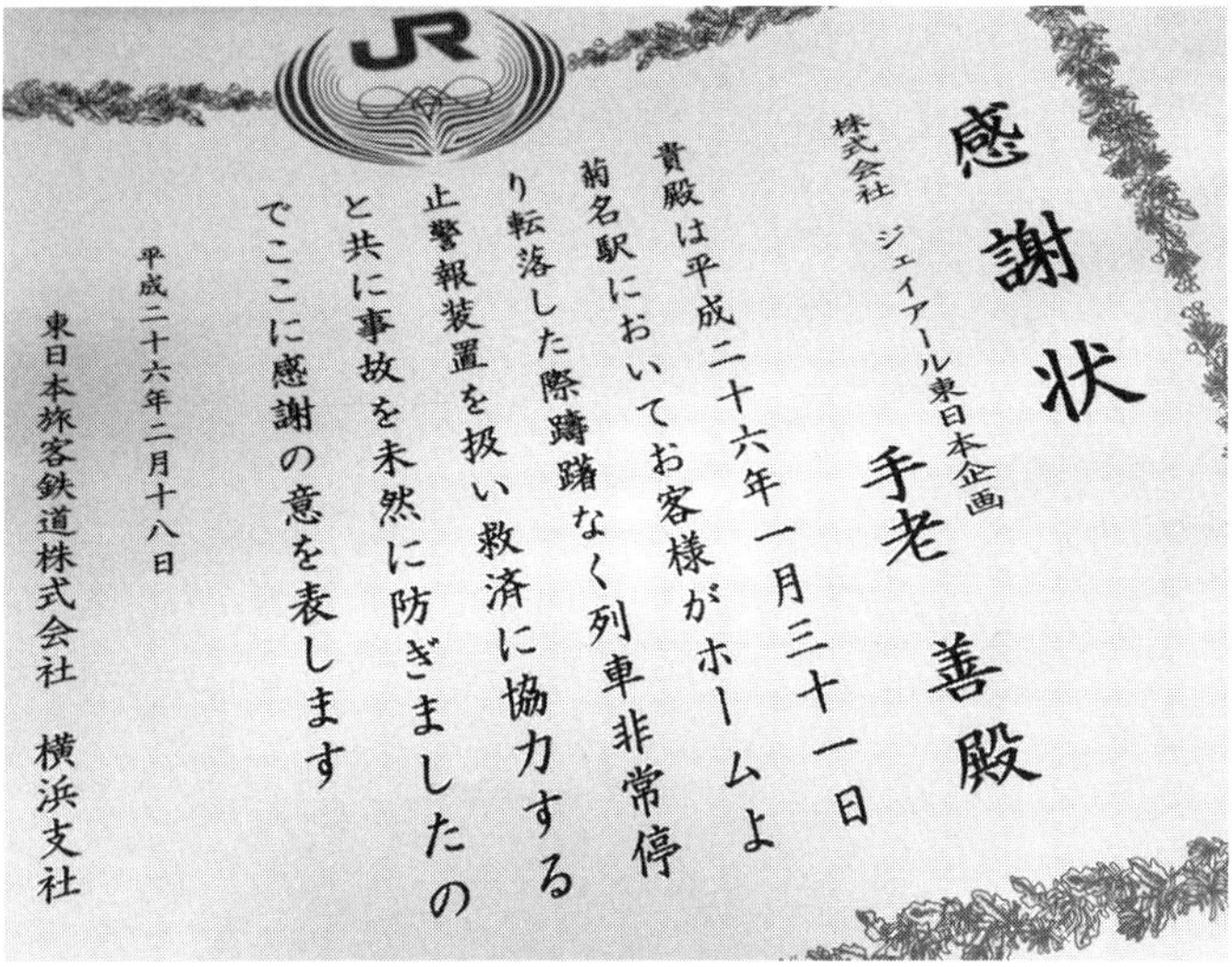

感謝状

株式会社 ジェイアール東日本企画
手老 善 殿

貴殿は平成二十六年一月三十一日
菊名駅においてお客様がホームよ
り転落した際躊躇なく列車非常停
止警報装置を扱い救済に協力する
と共に事故を未然に防ぎましたの
でここに感謝の意を表します

平成二十六年二月十八日

東日本旅客鉄道株式会社 横浜支社

見返りを求めるものでは一切ありませんが、先に記述した件では感謝状をいただいたことで、改めて何かあった際の対応の重要性を認識できました

相談室!? からのアドバイス
●心身を常に整えておくことは何事でも準備の第一優先

ちょっとを見逃さない

ちょっとならいいでしょというリクエストに時折遭遇しますが、ちょっとっていろいろ難しいですね。誰にとってのちょっとなのかによっても変わりますし、ちょっとを大事にすることで見えてくることがあると思います。そのちょっとが呼び水のごとく心動かす何かであることが多いからです。だからこ

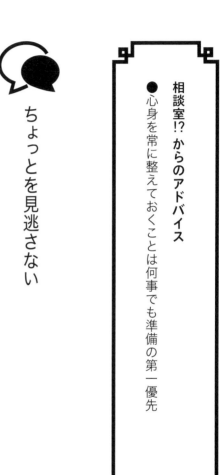

そ、そのちょっとを実現することが結構大変だったりします。

よく、タダより高いものはないとは言いますが、お金でやり取りしているのではなく、違う価値でやり取りをしているだけな点を忘れがちです。違う価値だからこそ、お金で解決しなかったり、もしくは自らが思っていたより大きなお金が必要だったりします。お金を出せば買えるというありがたさが身に沁みてわかります。

わざとここでは「ちょっと」を例示しません。日常、とりわけ鉄道で感じる「ちょっと」を意識してみてください。

相談室!? からのアドバイス

●ちょっとでも、ちょっと以上に価値があるもの

知らないことに興味を持つ

鉄道は媒体でもあるので、何かとコラボすることで、価値が生まれやすいものでもあります。**常に鉄道とコラボしたら面白そうなものを探しています。**本屋に行くと、一通り全体を見回ります。どんなマンガがあるのかなども多いですが、絵本コーナーなども見て回ります。他のお店でも、自分の興味があるコーナー以外にも行くようにしています。全然知らないアニメやマンガを見たり、飲食店で普段選ばないようなオーダーをしてみたり。

アンテナを高くすると言われることもありますが、好きなことの感性が合う人とは仲よくなれるのは想像に容易いです。同じ点に疑問や違和感を覚える人というのも同様かもしれません。それでは知るきっかけを得るにはどうするのか。それには自分の知らないことに対して好意を持っている人から教わるのも大事ですが、**自分と違う点に疑問や違和感を持つ人の声を聞くことも必要だと思います。どちらであっても、物事を解決しようと思っているかどうかの方が重要です。**

相談室!? からのアドバイス

●知らないことを見ることで常に鉄道のコラボの可能性を探る

●物事を解決しようとする意識が、人の声を聞くこと

とあるお店を眺めていたら、なぜかバス停を発見。棚の下の方を探すとこれが出てきました。鉄道という軸で来たお店ではなかったので偶然の出合い。こうした出合いも、意外なところに潜んでいたりします。さて、これは何かわかりますか？

飲めないけれど飲みの席は好き

自分が知らない世界を知るという意味では、私にとってはお酒も大きなことの一つです。私はお酒を飲みません。飲んだことはありますが、場合によっては多めにお酒が入っているケーキでもクラクラしてしまうほどだめなのです。お酒のおいしさや、辛口甘口など実感がないのです。ですので、正直お酒の割り方も、濃いめ薄めなど見様見真似です。

ただ、飲み会は大好きです。烏龍茶とジンジャーエールがあれば大丈夫。よく、お酒が飲めないのに飲み会に来て偉いねという旨のことを言われます。何度も同じ話をしたり、声が大きくなったり、飲みすぎてしまう人もいて困ることもありますが、こんなにインプットとアウトプットがその場で進行する機会はそうそうありません。お酒に酔っていない状態で、酔っている人を観察するという体験ができる人は、店員さん以外あまりいないかもしれません。**お酒の場だから本音が出るというよりも、その本音をちゃんと正しく覚えているかの方が重要だったりします。**そんな私も行きつけのバーがあります。

「バー銀座パノラマ渋谷店」という、カウンターに鉄道模型のジオラマが広がり、ライトを付けた車両が走るお店です。ノンアルコールだけで恐縮ですが、空いている時間だけ行くようにしています。

また、よくセットで語られるのがゴルフですが、鉄道業界や広告業界でよくコンペなどと聞くものの、私はパターゴルフしかしたことがないです。普段会う機会がない方とも交友を深めることができ

「バー銀座パノラマ渋谷店」。
写るのはジンジャーエール

ると聞きつつ、そうした場での関係づくりの土壌で自らの有利性を出せないと思っているので、他の場で頑張るようにしています。そこまでの余裕がなく、お誘いいいただいている方、すみません……。

相談室!? からのアドバイス

●本音を聞くことよりも、その本音を正しく覚えておくことが大事

各駅停車を選ぶ時

各駅停車と急行が駅に止まっていて、後から出る急行が先に目的地に着くのであれば、どちらに乗りますか？　これだけの情報であれば、ほとんどの方は急行を選ぶでしょう。

その上で、急行は混んでいますが各駅停車は座れます。先に出る各駅停車に乗ると途中で急行で抜かれ、急行の5分後に目的地に到着します。それならば、各駅停車を選択する人も出てくるかもしれません。

この例では、早く目的地に着きたいか、5分くらいの差なら座って行きたいかなど、人によって求めるものが違うため何を選択するかになりますが、「急行の5分後に各駅停車が目的地に到着する」という情報はもしかしたらぱっと出てこないかもしれません。ＪＲ東日本アプリの経路検索がこうした比較を意識したデザインにもなっていますが、まだ使い方として浸透していないかもしれません。

さまざまな条件が折り重なって人は行動しますが、ここで言えば電車のダイヤという環境は変化していないのに、少しの提案で人の動きは変わる可能性があります。私は以前は急行を選んで乗っていましたが、ある時から途中で抜かれても各駅停車を選ぶことが多くなりました。仮に途中で間に合わなくなる可能性があれば、抜かれる駅で急行に乗り換えればよいのですから。

相談室!? からのアドバイス

●自分には不要に思えても、すべての情報を伝えることが、人の動きを変えることになる

選ぶのは人それぞれ。その時の状況によっても変わりますが、いかに提案できるかがカギ。何を求めているか、全体としてどうあるべきかはもちろん、気持ちが明るくなるような日常に何か変化を与えられる隠れたきっかけが案内できれば価値があるかも

会社員がこの本をどう書いたのか？

ここで、本書をどうやって書いているかをご紹介したいと思います。

本書の企画が動き出したのは2022年の年末でした。そこから概ね1年で原稿が完成しましたが、半年は関係各所への確認や構成を考えることが殆どで、2023年9月に国内旅行業務取扱管理者試験を受けることもあり、実際に書き進めるのはそれより後でした。仕事をしながらですので、土休日と何日か有給休暇をいただいて書き進めるほか、仕事の前や後にカフェなどで書く事も多かったです。仕事カバンに常に執筆用のノートパソコンを入れていくわけにも行かず、軽くて打ちやすい、「ニンテンドー ワイヤレスキーボード」をiPhoneに接続してメモ帳で書き進めました。

もちろん、その間にも相談はいくつもやってきます。試験勉強をしなくてはいけないのに部屋の掃除が進んでしまうかのごとく、相談案件は盛り上がっていくのです……。仕事であれば年度予算上でいろいろと案件を進めていきますが、大概のことは何事も1年で完結させないと、なかなか実現はできないかもしれないと思います。なので、部品としてのアイディアを引き出しに閉まっておいて、案件がキックオフする時に一斉に引き出しを使いだす。その繰り返しです。

原稿執筆の相棒となった
「ニンテンドー ワイヤレスキーボード」

第3章

見たことのない鉄道を

これまでの心構えは、相談の数々から気付き、学んだことも多くあります。鉄道の価値をさらに高め、新しい価値を生み出す経験の一端について書いてみます。

鉄道グッズの相談

相談を受ける中で、鉄道について〝詳しくない〟とおっしゃる方から特に多いのが、「鉄道を絡めたら売れそう」というきっかけで始まった企画です。

ターゲットはお子さまであったり、コアな鉄道ファンであったりさまざまですが、お子さま向けについてはある程度イメージが湧きやすいものが多いです。もちろん的はずれな内容では手に取ってもらえません。これはどのジャンルであっても同じですが、強力なコンテンツであればあるほど、「よくわからないけれど、浅く広くを狙えばいいのでは」と、なりがちです。そして、なんとなく高額でも買ってくれそうというイメージから、価値の精査ができていないのに欲張ってしまうのです。

ターゲットの心を満たすものである必要はもちろんありますが、特にそれがターゲットだけが見るものでない、例えば持ち運んだり服のように身につけるものなどは、中学生や高校生以上になってくると他の人の目をより気にするようになりがちです。もちろん好みにもよりますが、誰が見ても電車だとわかるようなデザインは敬遠されがちです。日常に溶け込むように一見鉄道グッズとわからずとも、鉄道好きの人が見たら「あれをモチーフにしているな」とわかるさりげなさがあるものは需要に対して供給が少ない気がします。見た目で言えばネクタイで想像するとわかりやすいかもしれません。

このあたりは、他のコンテンツでも同様の流れをよく見ます。アニメなどのコンテンツではとても多くの学びがあります。小さい頃に観ていた世代が大人になり、自分で稼いだお金で物を買えるようになった時に、大人になった〝今〟、身につけたり持ち歩くとしたらキャラクターが前面に描かれたものではないはずです。野球であればユニフォームなど前面にコンテンツ性を出したものありますが、応援という軸であったり、それを着て球場に行き、みんなが着ているという動機があります。

さて、鉄道ではどうでしょうか？　鉄道車両製造時の金属の端材を使ったメガネは、日比谷公園の鉄道フェスティバルでも大行列ができました。

鉄道グッズというとどうしても車両にフォーカスされることが多いですが、鉄道はそれ以外にもたくさんのコンテンツが溢れています。また、ターゲットも、趣味として鉄道が好きと言われる人たちだけでよいのでしょうか？　**小さい頃から慣れ親しんだ路線やいつも使う路線のように愛着があれば、そうした軸を活用するのも、特に広く受け入れられたいものであれば商品開発の余地が十分にある**と思います。

普段鉄道グッズを置いていない商業施設で特設コーナーを設定して商品ラインアップや展示方法の軸を変えるだけで、**普段鉄道グッズを手に取らないと思われるターゲット層の方が立ち止まり、購買に結びつきました。**

最近の事例では、山口証券印刷という、鉄道関係では記念乗車券などを制作

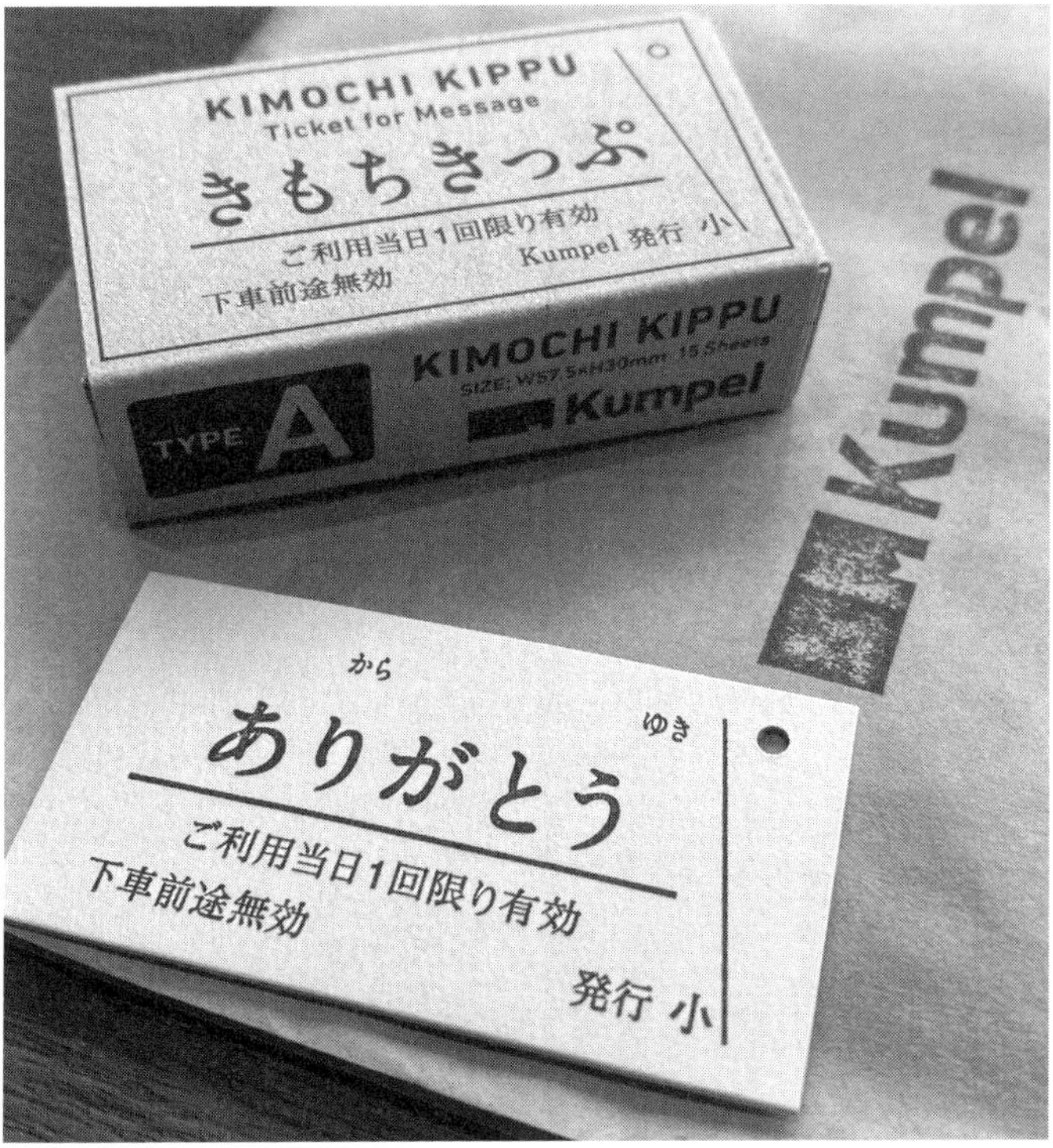

硬券の素材や印刷技術を活用して、見た目に鉄道要素が濃いものも、全く無いものもラインアップ

されている会社があるのですが、そちらが文具ブランドKumpel（クンペル）を2017（平成29）年に立ち上げました。鉄道をモチーフにしつつも、昔主流だった硬券の印刷技術を活用し、鉄道ファンはもちろんのこと、鉄道要素をサブにおいて差別化することで文具ファンにも興味を持ってもらうというこのブランドは、鉄道関係のイベントだけではなく、紙や文具を中心としたイベントなどにも出店し、女性を中心に人気を博しています。

相談室!? からのアドバイス

- さりげない鉄道の需要に対する供給がまだまだ少ない
- 鉄道沿線住民の愛着に向けた商品開発も可能性大
- さりげないデザインなら普段、鉄道グッズを買わない人にも響く

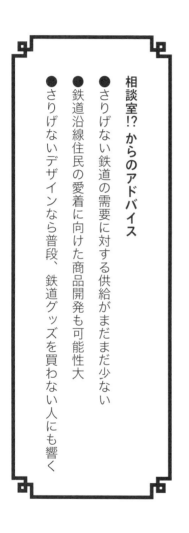

鉄道番組のネタの相談

仕事で広報を経験させていただきましたが、それより前、バラエティなど多くのテレビやラジオ番組に自らの勉強としても関わることが多くありました。ここでは、取材する方される方のどちらの立場も経験した時の気付きをご紹介させていただきます。

相談は鉄道関係の方から番組で紹介してほしいという話もあれば、番組制作側から、何かよいネタはないか？　こんなことを考えているがやってくれそうなところはあるか？　といったものまでさまざまです。

鉄道会社に限らずですが、テレビで紹介してもらいたいというのはよくある話ですが、どうしたら紹介してくれるか、そして誤解なく紹介してもらえるかは、ＰＲをしたい人からすると誰しも悩むことかと思います。まず、単に宣伝したいのであれば、広告費を出してCMを流すという手段があります。そんなことはわかっていて、ただそれができれば苦労はないとなるかもしれませんが、この前提を置き去りにしてしまうことが多いです。

テレビ番組の取材ということは、コンテンツを作るということです。テレビ局や制作会社側の方々の目的をまずは考え、理解することから始める必要があります。番組制作側も、どうしたら魅力ある番組を制作できるのか、日夜企画を考え、それを実現させるための調整に頭を悩ませています。ネタ探しはアシスタントディレクターやリサーチャーといった人たちが行うことが多いですが、話題がないところに話は来ないでしょうし、鉄道っぽければどこでもいい話なのかどうかによっても、思い描いていた取材と異なるというミスマッチが起こるでしょう。

私の場合、この狭間で相談が来るようになった際に大きな存在だったのは出演者の方でした。鉄道にフォーカスする番組となれば、鉄道に興味があったり知見がある方が出演者にいることが多いかと思いますが、そうした方が企画を提案することもあり、相談が集まります。その中で、番組としての勘所はあっても、鉄道として撮影が可能なのかというあたりはなかなか難しいことから、相談、紹介につながり、人と人とのつながりが拡大していきました。

番組制作とは、関係する各立場の調整が非常に重要です。取材にあたっては時間も手間もかかります。制作側の要望をなんでも受け入れられるわけでもないでしょう。また、とても大変な要望であっても最悪使われないということもあります。そんな悲しいことがないように、**コンテンツとして成り立つ価値を考え、要・不要を早い段階で整理することが、スムーズにことが進む秘訣**でもあります。どんなに価値があるものと思っていても、実際に番組を見聞きする方に届かないようでは、独りよがりになってしまいます。その価値を引き立てる可能性を帯びているのが出演者でしょう。自分が特段興味ない対象に出演者の方が番組中ということを忘れているかのごとく興味を持って笑顔でいる光景が説得力になり、番組としてより濃いものになっていくのではないでしょうか。

また、普段から、**紹介してもらえる可能性があるかなという番組は、目を通しておくこと**です。どうしても紹介してほしい気持ちが前に出てしまいがちなので、まずは相手を知りましょう。すでに番組が放映されているものでしたら、事前に一通り見ておくのは必須です。どういうことをやっているかはこちら側から番組を見られますが、制作側がこちらを理解する術は限られます。もちろん端的に知ってもらうツールは準備すべきでしょう。

そして、鉄道を題材にする時、生放送でなく撮影後に編集をする形がほとんどかと思います。しかし編集でなんとかなると思われるかもしれませんが、電車を動かしたりするのは何度もできるものではありません。実際は生放送の細切れのようにつなげる必要があります。これを双方がしっかり認識することが重要です。そして、**安全面も含め、どこまで撮影できそうかという面と、テレビとしてどういう絵を撮らないと成り立たないかをマージさせるのが私の役目です。**もちろん時間をかけてやり取りを重ねればいろいろできることは増えますが、到底そんな時間はありません。例えば毎週放送の番組であれば、単純計算で週に1本は番組を作らないと間に合いません。実際は1日に複数週分撮影したりもしますので、そう考えると余計時間は限られてきます。番組を作るのにも撮影前に構成を作り、撮影後も編集をするのを考えると時間に追われる仕事です。

相談室!? からのアドバイス

- 取り上げてもらいたい時は、番組に合うコンテンツとして提案
- 取り上げてもらえる時はコンテンツの価値の整理を優先
- 普段から可能性のある番組をチェックしておく

DVD「車両基地」

いろいろ相談を受ける中で、実際に自らが最後まで関わり、形になった例を一つご紹介したいと思います。

2013(平成25)年に一つのDVD作品が発売されました。その名も「車両基地」。本編内は終始車両基地関連の映像のみ。ナレーション一切なし。特典映像は終電後の新宿駅という、当時鉄道のDVDといえば前面展望がほとんどだった中では異色です。

発端は、大阪で行われたライブイベントの出張でした。ライブ後にお店を貸し切った打ち上げの席で、「あ、ちょうどいいのがいた!」と手招きを受けます。鉄道に詳しい人を探しているということで細かく話を伺うと、車両基地の映像作品を作って販売したいというものでした。

当初は監修をお願いできそうな人を紹介してほしいという相談で、後日、鉄道作品を手がけている方など何人かプロフィールを持って行き話していると、そもそも前代未聞の内容なので、そういう点から適任の決定打がないと悩んでいました。

実はこの話がある前から、そんな作品があったらいいなと思っていました。仕事で幾度も訪れていた山手線の大崎駅からつながっている車両基地に地上と同等の広さの地下車庫があり驚いた経験からです。車両基地といえば昨今では公開イベントやツアーなどが組まれ、入れる機会も以前より格段に増えましたが、年に1回一般公開イベントがあっても入れる場所が限られていたり、メディアにもあまり紹介されていなかったりしていた中で、あの山手線が地下に何編成と並ぶ姿の壮観さと秘密基地感は、いつか広く知られるといいなと思っていたところでした。そんな思いも話しつつ、それなら課題がわかっている手老にお願いするのがよいのでは？　となり、結果的に私が監修としてチームに加わることになりました。

車両基地を題材にするとなれば、車両基地の中で撮影するのは当たり前ですが、何本もの車両が整然と並んでいる姿を撮影するためには、少し離れて俯瞰で撮る必要もあります。地図片手に撮影できそうな場所を歩いて探し、あの屋上がよさそうなどと思った場所があれば所有している不動産会社を訪問し、撮影の許可を得に行きました。突然屋上から撮影させてほしいという申し出に、びっくりされることばかりでしたが、人に恵まれ、無事撮影をすることができました。

車両基地ですので、車両が出たり入ったりする中でも、最後の車両が戻ってきて最初の車両が出ていくところもおさえるため、秋とはいえ風の強い屋上で夜通し撮影を行います。また、時刻表が明確にある営業線と異なり、車両基地内は勝手が違いました。動いている電車でまず試し撮りをしてなんてことが難しく、一発撮りです。ある程度の計画は立てつつ、当日の全体の動きを見つつ、限られた時間の中で絵をおさえていくことが求められます。

ちなみに、ムービーカメラマンの方は鉄道に特に詳しいわけではなく、要点を伝え、どこが重要かを話しつつ撮影を進めていきましたが、逆に鉄道に詳しくないからこその捉え方をしていただいた点もよかったのではと思います。

こうして、ＤＶＤ「車両基地」は発売。マニアックでありつつも、日常を支える鉄道の普段見られない姿という側面もあり、テレビ番組などでも多く取り上げていただき、このジャンルのＤＶＤとしてはＡｍａｚｏｎでも一位になったり、ＣＤ店でも特設コーナーを設置いただくなどかなり盛り上がりました。

そしてその後、二作目として京浜急行電鉄、東京メトロ、西武鉄道を取り上げた「車両基地2」、鉄道だけにとどまらず東急バスを取り上げた「車両基地　東急バス」と続くのでした。退職した会社の映像を撮らせていただくというのも不思議な感覚でしたが、まさかその後に、撮影でお世話になった西武鉄道に転職するとは全く考えていませんでした。

特典映像にとして一作目では新宿駅の終電後を、二作目では新木場駅でのホームドア設置風景を入れるなど、車両基地本編のトーン&マナーに合うものを入れています。二作目もエンドロールが下から上に向かって回るのと、車両前面の行先表示(方向幕)を同時に映すなど、ちょっと違う角度からの映像を入れていますが、これらも含め、意義があると思って提案しました。DVDとして売れることはもちろん重要ですが、**後に記録としても大きく意義を持つ意識をして、何年、何十年と経過した後に、再度目を向けてもらえるようなものであり続けることを目指しました。**どちらかといえば中の人の意地でもあるかもしれません。すでに、すべて同じ形式で揃った山手線も銀座線も、撮影当時の営業車両は去り、新しい車両になりました。客車の寝台特急の定期運行も無くなってしまいました。実際に、その後テレビ番組等で使われたこともあり、今

ユニバーサル ミュージック合同会社
DVD「車両基地」(UIBZ-5069)
JR東日本商品化許諾済

後も観続けてもらえば幸いです。まだ観ていない方はぜひ。

相談室!? からのアドバイス

●大がかりに記録を残す時は、特に未来を見据えて

鉄道を未来へ残すということ

前項のように、後に残るものを新しく作っていくということもありますが、

相談の中には、すでにある物をどう残すかということもあります。特に難しいのが鉄道車両です。鉄道会社や博物館で保存しているもの以外にも、個人または任意団体が保存しているもの、自治体が管理しているものなどいろいろあります。

私個人としては車両を残す活動をされている方からの苦労話を聞くにとどまりますが、**大きく必要なのは残し始める力と、残し続ける力の両方がないと成り立ちません。**そして、その力はお金と支持だと感じます。

近年はクラウドファンディングの台頭もあり、お金の面は解決できる手段が増え、残し始めるチャンスは広がりました。また、延命するチャンスも広がりました。ただ、忘れてはならないのは撤去するのにもお金がかかることです。

そもそも、鉄道に限らず、将来に向けて「残す」とはどういう意味があるのでしょうか。自分が生きた時代のものでは無い歴史上のものがどれほど残り続けているでしょうか？　一般的な博物館や美術館に所蔵されているものはどうでしょうか？　残すという行為には、思い出など人の頭の中に体験として存在しているものとして何らか人に影響を与えるためと、そして後世に伝えていくという二つの意味が大きいと思います。

日本の鉄道が開業して150周年を祝う企画が2022(令和4)年に行われましたが、その開業の瞬間を見た人はすでにこの世に存在しません。現時点で、体感を持っている日本の鉄道の最古は何なのでしょうか。そしてそれより古いもので重要と思われるものは何でしょうか。すべてを残すことはもちろん無理です。だからこそ、**残しているものに対して、正しく評価して価値があるよねと言い続けることも大切ではないでしょうか。**

直接懐かしむ方が段々と少なくなれば、支持は減ることが常でしょう。価値があるから残すのであって、その価値は多くの人に支持される必要があります。例えば車両を保存していて、実際走っている姿を見たことのある人が時の流れとともに減っていっても、支持は維持されるでしょうか。そうなれば残すことは現代の、未来の人たちへの納得感次第になります。時間は無情にもどんどん過ぎ去ります。今やるべきことは何なのでしょう。私もそうですが、どうしても期限が近くならないと自分事にならないです。

相談室!? からのアドバイス

●鉄道文化の価値を、多くの支持を得るために発信し続けることが重要

廃車後、一番長く懐かしめるのは廃車になるタイミングに幼なかった人。その人が一生を終えてしまうと実際に走っていたことを体感したことのある人はいなくなる。いれば、廃車後も保存公開など親しまれても残り続ける。懐かしめる人はその後にどれだけ多く、次の世代にも繋がるかがカギ

思い出とともにモノには価値がある

規模はかなり小さくなりますが、ある日、持ち主が亡くなられて、押し入れから数箱の段ボール箱に入った鉄道模型が出てきたというご家族から連絡をもらいました。どうやら日本のものではなく、ご家族は全く鉄道模型に興味がないということで、大きいし重いし捨ててしまおうという時にお声がけをいただき、引き取りました。最近ではネットオークションや中古の鉄道模型買い取りのお店など、手放す手段も増えましたが、興味のない方からすると面倒でそのまま捨ててしまいたいというのが本音のように感じました。

箱の中はメルクリンという海外製の鉄道模型で、交流3線式の古いタイプのものがきれいに残っていました。長らく走らせておらず、モーターも交換しないと厳しい状況でコントローラーもこのタイプのものは新品では売っておらず、飾るだけにしていますが、こうやって時代が終わっていくんだなというのを身近に体験しました。そして、私が人生を終えるのがいつかわかりませんが、その時の情勢によって、この鉄道模型たちはどう歩むのかはまだわかりません。

もう一つ、自分が元々持っていたモノの話。小学生の頃、「電車とバスの博物館」の廃品市で父に買ってもらった東急バス（東京急行電鉄自動車部時代）の系統板（バス前面に系統番号を掲げる板）が実家から出てきました。系統板は現役で使われているものは見たことがなかったのですが、鉄道のものがほとんどの中でバスのものを見つけて喜んで選んだ記憶があります。ちょうど実家で見つけたその頃、東急ハンズ（現・ハンズ）新宿店で東急バスのイベントを企画相談され、系統板が宿91系統という新宿駅西口に乗り入れていたものであったことから、これを使わない手はないと、実際のバスをもってきて、この系統板を

メルクリンの鉄道模型

付けて展示しました。ただ、系統板は廃止されたため、系統板を設置するステイはすでに車両にはありませんでしたが、そこはさすがの東急ハンズさん、剥がしても跡が残らないのに強力に取り付けできる素材を使って固定することができました。

これまでも、思い入れのある鉄道やバスに関連する廃品を少しではありますが買っていましたが、言ってみれば完全に自分の趣味です。自分で楽しむのはもちろんですが、この時に他の人に共有する価値について体感しました。そして、役割があれば活き続けられるんだと。この系統板がどうあるのがベストな選択なのかと考えた時、「電車とバスの博物館」に展示されている旧型のバスの前面に系統板受けは残っているものの、肝心の系統板が無いことを思い出し、東急バスにお話をして、結果としてそのバスの近くのショーケースに展示していただきました。ネットオークションでもほぼ出回らない品なので、売ろうと思えば高く売ることもできるでしょうが、今でも多くの人の目に触れ、こうした活躍の場があることで新たな価値が作られていけばいいなと、ショーケースを眺めるのでした。

これらはモノを残すことですが、残すといえば体験もそうですし、記録や記憶を残すこともあります。鉄道と過ごした記憶は、鉄道ファンでなくても「そうそう！　昔こんな電車だった！　こんな駅だった！　そういえばあの頃は……」とそのものの懐かしい記憶と一緒に、他の記憶も呼び起こすでしょう。**支持を得るためには、こうして思い出すきっかけを増やすことが価値につながるのではないでしょうか。**その価値のベースは、利用したことのある多くの人の頭の中にあるはずです。これを活かさない手はないでしょう。そうやって未来につないでいければ素晴らしいですね。

相談室!? からのアドバイス

●思い出すきっかけは与えなければ価値につながらない

●人々の記憶に働きかけることが未来につながる

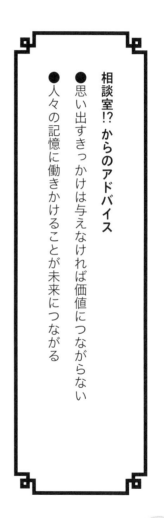

車両前面に掲げられた「宿91」の系統板。よく見てみると、それ以外にも昔のデザインの復刻が

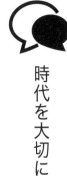

時代を大切に

この時代に生きているからこそ体験できることがあり、もう少し早く興味を持っていれば、最後に立ち会えたというものもあります。特に鉄道趣味にあっては、そうした声をよく耳にします。例えば客車の寝台列車。私は寝台特急「北斗星」のB寝台と寝台急行「銀河」のB寝台にそれぞれ一回ずつ乗っただけですが、九州や日本海側を走るものなどもっと乗ってみたかった。一方、ひとまわり上の先輩に聞けば、蒸気機関車に乗りたかったと言い、そんなに歳が離れていない下の世代の人に聞けば、すでに廃止となっているJR信越本線の横川～軽井沢駅間に乗りたかったと言います。碓氷峠越えを私が体験したことを羨む声も聞こえますが、歳が離れると、自分が比較的新しいものと思っていたものでも懐かしい対象になると聞くと、体験した世代でなくても興味を持ってく

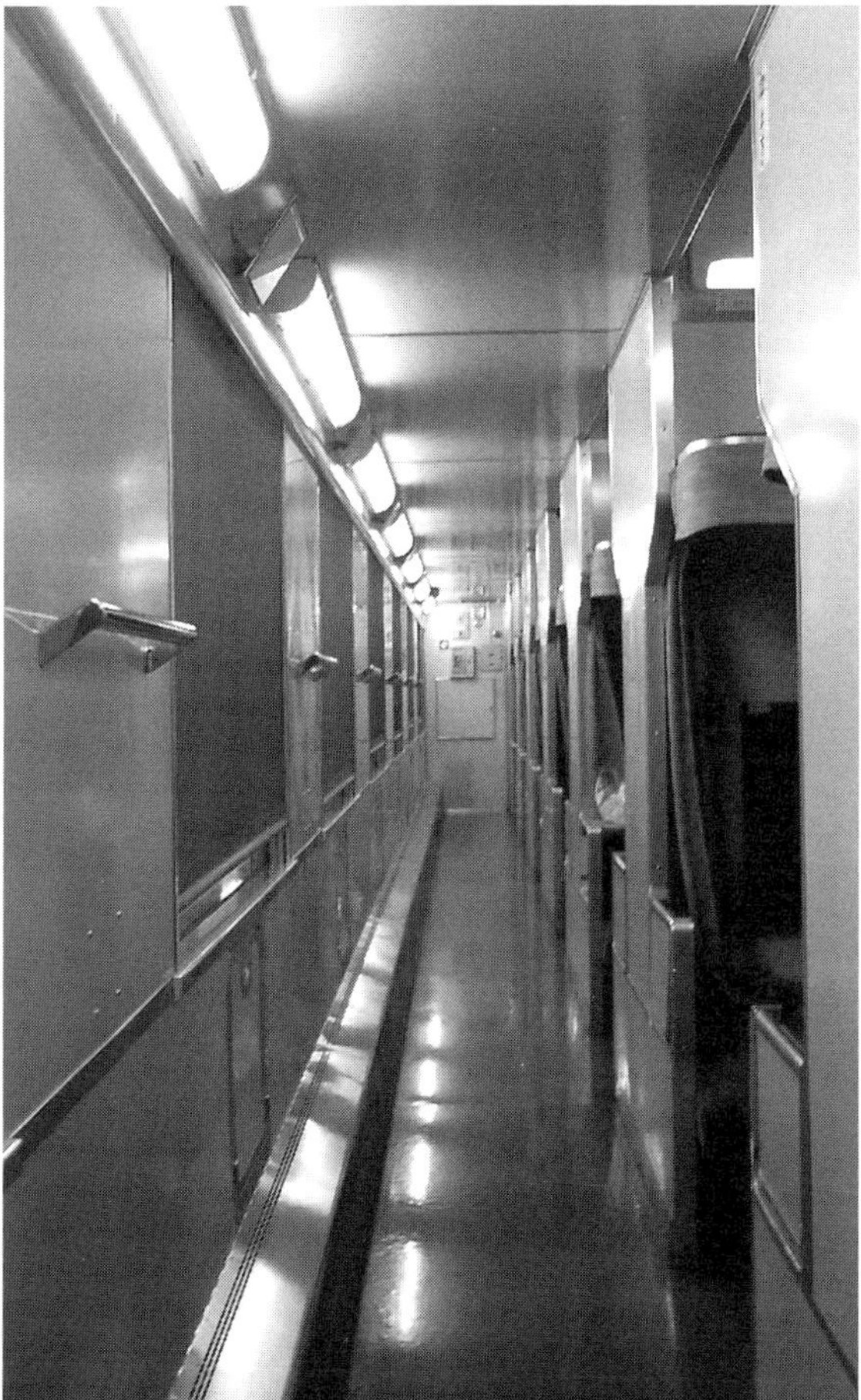

遠距離の帰省がなかったので、飛行機や夜行列車に乗る機会がなく、映画『おもひでぽろぽろ』の冒頭シーンなどで、いつかは客車の寝台列車に乗りたいと憧れていたものの、旅行に行ける年齢になったら風前の灯

れるけれど、それは一定範囲なのかなと感じます。届きそうで届かなかったものに興味を持たれるのかなと。

今自分が生きているこの時代でできることを体感すること、そして記録に収めていくことをいくこそが一番の楽しみ方なのかもしれません。

また、これは趣味だけでなく、鉄道と時代は多くの人の共通項として認識しやすいものでもあります。広告の企画で、子供が小さい頃に撮影した親子の写真を、子供が大きくなってから再現したり、その子供の子供が、同じ歳になった時に、同じようなカットで撮るといったものがありますが、これは時代の差を感じさせないことをフックにしています。

一方で、鉄道、とりわけ車両と一緒に写真を撮ると、時代がわかる上に、場所もわかり、そして同じように生きた人には〝あの時〟が伝わりやすいのです。ぜひ、お子さんの写真を撮るのであれば車両と一緒に撮影することをおすすめします。小さい頃でないと、電車の前で写真を撮ることも少ないかもしれませんが、大人になってからもありですよ。今からでも遅くありません。そして、それが未来に活きるでしょう。

相談室!? からのアドバイス

- ●世代世代で異なる懐かしさに敏感になろう
- ●鉄道と写真を撮ることが時代の象徴になる

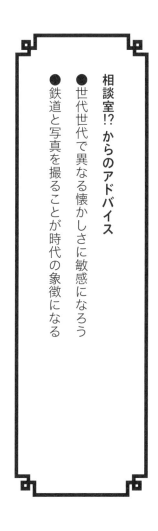

当時の動画の切り抜きなので、画像が荒いですが、父が撮影した交通博物館に家族でお出かけの一コマ。渋谷駅の山手線内回り。写るのは103系。まだ、白線がありますね。

交通メディア

今までの仕事で、一番関わっているのが交通広告です。鉄道であれば、車両の中づりなどのポスターやドア上で映像を流すデジタルサイネージにとどまらず、外装ラッピングなどがあり、駅でも同様にポスターやデジタルサイネージがある他に、スペースを活用したイベントやサンプリングなどもあります。

そんな交通広告業界も、コロナ禍に売上を大きく下げました。株式会社電通が毎年発表している「日本の広告費」を見ても、広告業界としてはインターネット広告を中心に成長を広げつつも、交通広告はコロナ禍を経て以前の売上水準まで取り戻せていません。また、インターネット広告の台頭で、効果指標の深度化もより求められる中、それがどれだけ最終的な目的に合致するかどうかは別としても視聴率やインプレッションといった共通指標が出しにくい状況なのも課題です。それでも、交通広告だからできることも数多くあり、またデジタル化も急速に進み、今後の鉄道の推移に沿った新しい価値を見出し続けていくことを願っています。

さて、交通広告、とりわけ鉄道での広告を扱うに当たって、「鉄道」と「広告」の両面を知る必要があります。

まず、鉄道側です。主に車両と駅の媒体にわかれますが、例えば新しく作る車両の完成はいつだと感じますでしょうか？

車両工場で製造され、試運転を行い、各種注意書きなどのシールも貼られ、今すぐお客さまを乗せて走ることができる状態をイメージされますでしょうか？　もちろん経理上の扱いとしてなどはありますが、実際に営業運転をするにはそこに広告が掲出されることがほとんどです。特に通勤電車で言えばこの広告が入って完成形だと思っています。設計図としては、どこにどのサイズのポスターが掲出できるというところまでですが、照明の度合いなど、広告の見え方に対してのこだわりの有無はもっと重要視されてもよいのではと思います。ただ、車両は一度作るとなかなか改造などが簡単にはできませんが、広告は可変ですから、与えられた条件の中で、より価値の高い広告の形を探っていきます。

そして広告側は、交通広告と言うように広告枠としての扱いですが、広告だけである必要はありません。もちろん全ての広告枠が売れるのが売上の最大化かもしれませんが、それが成り立つのは現在では局所的な人気媒体だけにも感じます。そもそも、マスメディアとの広告を考えると、いわゆる四大マスメディアであるテレビ、ラジオ、新聞、雑誌は、その媒体においてコンテンツと広告で成り立っています。見てもらう求心力としてコンテンツが必ずあります。基本的には広告よりコンテンツの方が多いと感じるでしょう。それは媒体を見聞きしてもらうためですが、交通広告は移動する人がすでにいる上で、その場所に展開することによって、テレビの前に行って電源をつけるようなことをせずとも接触できる可能性があります。そして、インターネットとスマートフォンの台頭でスマートフォンは身につけていて、即使えるという環境が鉄道の中でも可能になりました。

さまざまな調査がありますが、電車の中でスマートフォンを見る時間が多いのは自明です。一方、中づりには雑誌の広告が多く出ており、それ自体がコンテンツとしての機能を備えているかもしれません。インターネットを中心に広告が溢れている中での、トレンドである信頼できる場所での掲出と、より読んでもらえる広告に通じるものが、交通広告には可能性として残されているのではないでしょうか。

相談室!? からのアドバイス

●移動する人がつい読んでしまう交通広告のメリット

●広告だけでなく、コンテンツもある「交通メディア」へ

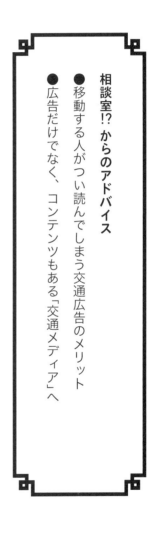

新しいデジタル媒体を見かける度に足を止めて写真におさめる。裏側をみたり…

第4章

すべては人のつながり

鉄道の運行は、鉄道会社だけで成り立つものではありません。すでにさまざまな人によって成り立っているからこそ人のつながりが活かしやすく、その範囲も超えることでさらに新しい価値を生み出していきます。

人を紹介し、紹介され

相談は、身の回りだけであれば、できる範囲が限られます。そうなると必要になるのが紹介です。ですので、相談をされる内容には、会社や人の紹介を求められたりすることも多いです。しかし、紹介を求められたからと、ただ単に連絡先を渡せばいいという訳ではありません。人を紹介するということは、自らの代理と言っても過言ではありません。自らがコントロールの及ばないところで自分がつながりのポイントになるのです。

一人挟むだけでも思い込みや誤解が介在し、確実にコミュニケーションの質は落ちます。もしかすると相手は紹介を望んでいないかもしれません。直接代表電話に電話をかけたりしても断られたけれど、手老を通じればコンタクトできるのではないか？　と考えているかもしれません。大概、誰に聞けばいいのか見当もつかない話がやってくるものです。なので、**紹介してほしいというリクエストには、基本は理由や背景を聞いてから一旦要点をまとめます。**大概は何らかの課題があるからで、その課題解決のために紹介という手段が最適なのかを確認します。そこまでして、初めて人を紹介します。**紹介の質を高めなければ、次の紹介につながりません。**

相談室!? からのアドバイス

●人の紹介簡単なことではない。質の高い紹介であるべき

きっかけを作る

人とのつながりが多くなっても、それだけでは始まりません。何かきっかけが必要です。きっかけは相手からの場合もありますが、待っているだけではそう簡単によい話はやってきません。

DVD「車両基地」が完成した時に、ぜひ観て意見をもらいたかった方がいました。当時小田急電鉄でグッズ開発をされていた濱崎勝明さんと、当時京浜急行電鉄で広報をされていた飯島学さんです。ご両名ともテレビ番組にご出演されたりする方で、飯島さんとは面識があったのですが、濱崎さんは全くつながりはなく、こちらが一方的に知っていたという状況。小田急電鉄に就職した高校の同期に託し、DVDを渡してもらいました。そこからご縁が始まりました。

そして、それから数年が経ち、見知らぬ一本の連絡がありました。名古屋鉄道で運転士や指令員をされていた西上いつきさんでした。本を出したので渡したいと。どんな方なのかなと知りたかったのもありますが、逆の立場になれたことがとても光栄でした。

何でもかんでも連絡をすればよいというものではありません。きっかけの作り方は慎重になる必要がありますが、時には勇気を出して意図を告げ、相手にとって何か可能性を感じてもらう価値を明示した上でするきっかけづくりが、新しい出会いを生みます。そうしなければ、通常以上の結果は期待できません。

もう一点、お笑い芸人のダーリンハニー吉川正洋さんとのお話を。

吉川さんが「こんな路線があったら便利だな」と妄想した〝吉川急行電鉄〟という架空の路線があり、最初は首都圏だけでしたが、現在は関西版も登場しています。ある日の番組収録で、その首都圏の吉川急行電鉄の手書き路線図をいただきました。特に頼まれたわけではないのですが、本物の路線図のようにデータを作成して後日現場で盛り上がりました。

数年経ち、それがテレビ番組で使われ、SNSで話題に。その後吉川急行電鉄のグッズとしてクリアファイルにもなりました。デザインは私からのプレゼントなのでデザイン費はいただいていませんが、話のネタとして十分すぎる報酬です。その後もこのクリアファイルがつながりとなって他の方からもご依頼いただき、いくつか制作させていただきました。

きっかけは、自分から行うものですが、相手のためになることが重要ですね。

相談室!? からのアドバイス

●新しい人とのつながりは意図を持って連絡してみること
●相手にとっても可能性のある提案が、真のきっかけとなる

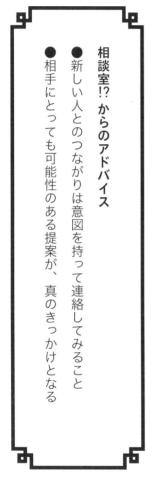

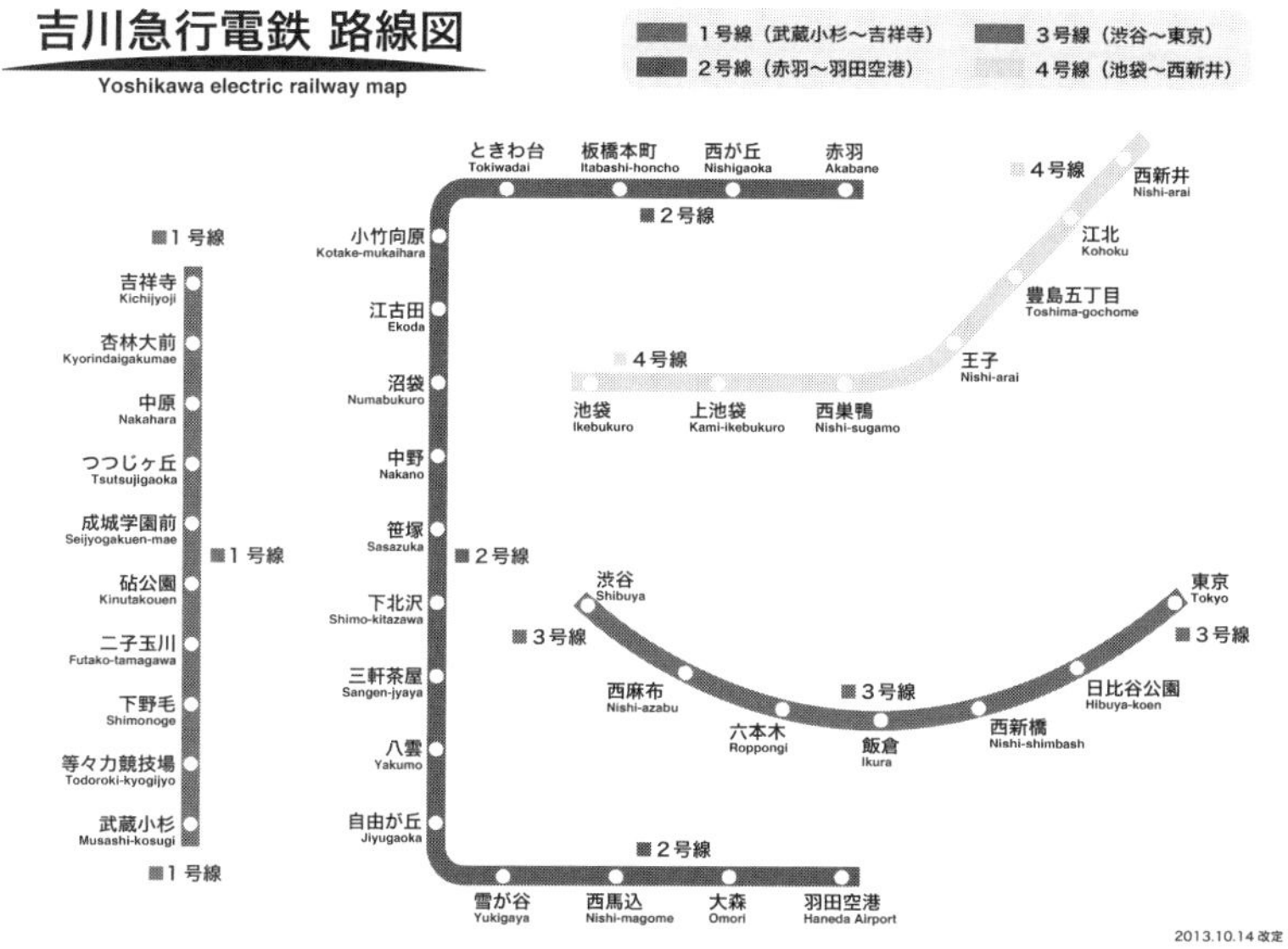
吉川急行電鉄 路線図
Yoshikawa electric railway map
1号線（武蔵小杉～吉祥寺）
2号線（赤羽～羽田空港）
3号線（渋谷～東京）
4号線（池袋～西新井）
1号線
吉祥寺 Kichijyoji
杏林大前 Kyorindaigakumae
中原 Nakahara
つつじヶ丘 Tsutsujigaoka
成城学園前 Seijyogakuen-mae
砧公園 Kinutakouen
二子玉川 Futako-tamagawa
下野毛 Shimonoge
等々力競技場 Todoroki-kyogijyo
武蔵小杉 Musashi-kosugi
2号線
ときわ台 Tokiwadai
板橋本町 Itabashi-honcho
西が丘 Nishigaoka
赤羽 Akabane
小竹向原 Kotake-mukaihara
江古田 Ekoda
沼袋 Numabukuro
中野 Nakano
笹塚 Sasazuka
下北沢 Shimo-kitazawa
三軒茶屋 Sangen-jyaya
八雲 Yakumo
自由が丘 Jiyugaoka
雪が谷 Yukigaya
西馬込 Nishi-magome
大森 Omori
羽田空港 Haneda Airport
4号線
池袋 Ikebukuro
上池袋 Kami-ikebukuro
西巣鴨 Nishi-sugamo
王子 Nishi-arai
豊島五丁目 Toshima-gochome
江北 Kohoku
西新井 Nishi-arai
3号線
渋谷 Shibuya
西麻布 Nishi-azabu
六本木 Roppongi
飯倉 Ikura
西新橋 Nishi-shimbash
日比谷公園 Hibuya-koen
東京 Tokyo
2013.10.14 改定

吉川急行電鉄路線図

特別対応

ありがたいことに、普段は入れないような場所に入れていただくなど、通常経験することのできない体験や、ご説明をいただくことがよくあります。また、小さなことであったとしても、通常とは違う対応をしていただくこともあります。そうしたことに対し、こちらも特別な返しをすることに注力します。

例えば、試写会にご招待いただいたら、しっかりと感想を伝える。それが対価です。**特別なこととしてもらってラッキーなのではなく、同じだけ価値を戻すことを考えなくてはならないのです。**そして特別な経験は特別に活かすべきです。情報交換や意見交換と称して、結局は交換でなく一方的になることは往々にしてあります。**しっかりと交換をすることが、信頼につながる一歩だと考えます。**

また、特別対応の一つとして〝内緒話〟があります。内緒話をするきっかけとは何でしょうか？　信頼しているよというメッセージかもしれませんし、相手にこの情報は知っておいてもらいたいといった動機などいろいろあるかもしれませんが、内緒話は言う側にすべてが委ねられているということは確かです。

そして、内緒にも種類があるかと思いますが、内緒話は話された相手を巻き込むものです。相談を受けるということは内緒話も多くあったりしますが、その時は相手にその話に絡んだアイディアなどを必ず投げかけます。そうすることで、本当に話してよいことなのかどうなのかを意識してもらうのです。**アイディアでなくても、ニュースリリースなどを定期的に目を通すだけでもかなり大きな情報源であり、そうしたものを業界の流れとしてお話しすることが、相手には内緒話に聞こえるかもしれません。**

相談室!? からのアドバイス

●特別な対応には、特別な対価で応える必要がある

●情報、意見、感想のしっかりとした交換を心がけたい

●情報を収集し、相手に有益なものを伝えることで次の特別につながる

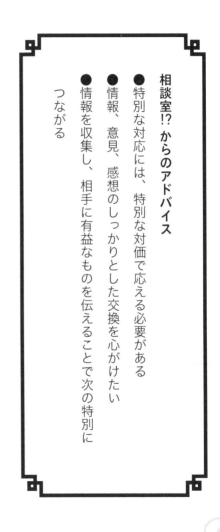

鉄道好き有名人のみなさんと

メディアとの関わりは、高校1年生で新聞記事を見て電話して参加した地元のコミュニティーFM局からです。そのご縁でニュース番組の取材やNHKの「少年少女プロジェクト特集ききたい！　10代の言い分」という、その後の「真剣10代しゃべり場」に続くようなテレビ番組に出演させていただくなど、メディアとの関わりが多い高校生だったと思います。もちろん本格的に関わるようになったのは、社会人になってテレビ番組の相談を受け、実際に出演をするようになってからです。

こうしたメディアのつながりで、タレントさんやアナウンサーさんなど多くの有名人の方と知り合うことができました。何と言ってもタモリさんにお会いでき、テレビの同じフレームに立たせていただいたのは光栄でした。そして、中学生だったある日、突然聞こえてきた車掌アナウンスの曲にびっくりしたSUPER BELL"Zの野月さんと知り合い、楽曲のお手伝いをさせていただくことになるとは思いもよりませんでした。そうした素の喜びは大事ですが、そんな中で自分が何を成すべきかはもっと大事です。

そうした方々のお話を聞くのも、大切な機会です。例えば、有名人の方はロケで数多くの会社の車両基地や担当社員でもないと入れない場所で体験をされ、旅番組であれば、日本全国を見てまわられています。鉄道員でもそれだけの経験をされている人というのはほとんどいないでしょう。鉄道員の視点ではなくとも、他では得られない知見です。先にも述べた通り、テレビやラジオ番組などとの橋渡しになってくれることもあります。

事務所に所属されている方であれば、基本はマネージャーさんを通す必要がありますので、マネージャーさんとの信頼関係も大切です。どうしても直接本人とつながっていると、そこを優先してしまうことを周りでも時々見ますが、業務上でのマネージャーさんの役割をしっかり認識しなければ、案件が成り立ちません。

また、せっかく関わりを持った方に間違った発信をしてほしくないなという思いもあります。ひとたびそうしたことがあると、ご本人の評判を落としてしまいますし、紹介を取り持った相手からも疑問が出てしまうでしょう。ですので、**出演されたものは目を通しつつ、普段からコミュニケーションを取ることで、そうした誤解がないかを気にしつつ、いつでも気軽に相談できることを伝えます。**

相談室!? からのアドバイス

●鉄道有名人の知見こそ、豊富な経験に基づいている

●マネージャーとの信頼関係も大事

第5章

鉄道が惹きつけるチカラ

何より鉄道が人の興味を集めていることが相談の多さの現れかと思います。何が人をそこまで動かすのでしょうか。そして、鉄道ファンと言っても、調査によっては何万人、何十万人、何百万人とばらばらな結果。果たして、どう捉えるべきなのでしょうか。

熱い想い

ある鉄道会社の方との飲み会で、「大勢のファンがいるという仕事は、世の中でもあまりないと思う」という話題になりました。スポーツチームなどの応援や、飲食店のファンもいますが、「**鉄道にこれだけ多岐にわたり大勢のファンがいるということはありがたいことです**」と。そしてその興味度合いの強い方の多さも特筆する点です。鉄道そのものだけでなく、鉄道自体が媒介になるものも多いからでしょうか。例えばそれはカメラであったり模型であったり。

ある日、出勤すると机の上に一通の封書が置いてありました。中にはお子さまの手で書かれたファンレターが入っていました。また、イベントなどでも私に会いたかったと言うご家族がいたり、いち会社員としては、こんなにもありがたいことはありません。鉄道を通じて人生が豊かになってもらえればと思いますし、そんなお子さまと将来一緒に仕事ができればなと思います。

ただ、先の会話はこの後こう続きました。「だからこそ、困ったこともあるのが残念だ。」コントロールをうまくしないと、逆に大きなマイナスも生みます。時には悲しいニュースも見かけます。私自身もそんな残念なことに遭遇したことがあります。

鉄道が多くの方に利用されていることと一緒で、多くの視点を持ってもらいたいなと思うのでした。そして、それを体感してもらい理解してもらうことこそ、鉄道コンテンツに関わる人達の永遠の課題なのかもしれません。

相談室!? からのアドバイス

●大勢のファンがいることが鉄道そのものの価値

●鉄道の本質は多くの人が使うことだから多くの視点を持ちたい

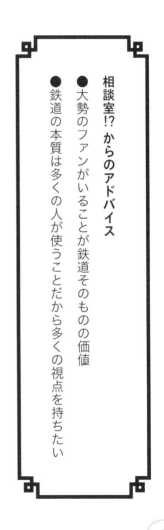

鉄道ファンは何万人？

鉄道ファンは多くいるという認識は、誰もが認めるところだと思いますが、よくある質問の中で回答に困るのは、「鉄道ファンは何万人くらいいるのですか？」というものです。野村総合研究所が2005(平成17)年に発表した「オタク市場の研究」が当時テレビを中心によく取り上げられており、その後も趣味関連での支出平均などさまざまな数字が報じられています。ただ、そうした情報を見てみると、鉄道ファンは何万人、何十万人、何百万人と定義によってもさまざまです。そもそも鉄道ファンとはどこからどこまでか、そして、鉄道ファンとしての購買行動はどこまでなのか。例えば鉄道写真を撮りに行く人が買うカメラ用品はどうだろう？　撮影に遠征するための自動車はどうだろう？これらはどうカウントするのか。

また、地元の方が、地元の鉄道を愛してくれることももちろんファンと言えます。鉄道ファン全般のターゲッティングやマーケティングを行うことの意味がある人は実は少ないんじゃないかと思っています。だからこそ、鉄道ファンが大勢いるからといって、興味が少しであれば買ってくれると言うようなものだと、ほとんど買ってくれないという状況に陥ることを何度も見てきました。**鉄道ファンという一括りでフォーカスしても、実際に企画を考える上では意味を成さないのかもしれません。**

相談室!? からのアドバイス

●鉄道ファンが多くても細かいターゲッティングがなければ成功しないのが現実

○○鉄という言葉

前章の通り、鉄道趣味の対象は多岐に渡ります。その現れとして「手老さんは何鉄ですか？」とよく聞かれます。「趣味と実益兼ねていていいですね」ともよく言われます。

この二つは、もはや初めてお会いする方からの必ず通る通過点のようなもとなりましたが、よい返答ができない質問でもあります。

私が○○鉄という言葉を聞き始めたのは大学に入ってから、２０００年代ぐらいの感じがします。例えば乗り鉄・撮り鉄・模型鉄などという具合に鉄道趣味のジャンルを指しますが、いくつかのジャンルは経験した気がします。

乗り鉄

まず、乗ります。快速「ムーンライト」(後の「ムーンライトえちご」)や大垣夜行（後の「ムーンライトながら」）といった座席夜行快速に乗って、ＪＲ札沼線豊ケ岡駅（現在は廃止）やＪＲ五能線轟駅といった、１日に数本の列車しか来ない駅に行き、次の列車まで本を読んでいたことがあります。

鉄道に限らずバスも。そんなに遠くに行けるタイミングがないので、勉強も含め何かの折に山奥のバス路線に乗りに行きます。これは西武観光バス秩父営業所管内の長沢バス停

撮り鉄

また、鉄道の写真や動画も撮ります。いわゆる有名撮影地とされる場所はよくわかっていなかったのですが、地元を中心に友人と、時には一人で撮りました。まだ中学高校時代はフイルムでしたから、現像にもお金がかかり、シャッターを動かす1回の重みがとても大きかった記憶があります。

印刷に使うような写真や、望遠であったり明るさが必要であったりシャッタースピードなどが重要の場合は一眼レフのカメラを使いますが、大概はiPhoneでこと足りるようになりました。むしろ動画撮影を考えると、手ブレが無いことが重要なので、ジンバル機能付きのカメラとちょっとした照明を持ち歩きます

模型鉄

鉄道模型もやります。中学高校時代は鉄道研究部で学園祭に向けてジオラマを作り、グリーンマックスのエコノミーキットで車両を組み立てたものでした。ただし塗装が苦手です。

案内鉄

なんとなく、全般的には経験してきたかなと思いますが、その中でも特徴的なのは鉄道に関わるサインや書体についてでしょうか。「もじ鉄」という名称で、最近ではデザイン急行株式会社の石川祐基さんが何冊も本を出されていて脚光を浴びていますが、一番興味を持っているのが1970年代に赤瀬達三さんが関わられた営団地下鉄（現・東京メトロ）のサイン計画と、そこで使われる「ゴシック4550」という鎌田経世さんによって作られた書体です。まさに自分の鉄道への憧れの時代に普及したもので、小さい頃は営団地下鉄に乗ること

点灯してこそ役割を果たすサインは、意思を感じる。その動作まで保存されれば嬉しいですね

も機会が限られていたので、「◯電車がきます」などのサインに心躍らせたのです。あえて言うなら案内鉄でしょうか。

どうやって鉄道と対峙してきたかはそれぞれかと思いますが、アルバイトをし始めるまでは、いち趣味人でしかありませんでした。◯◯鉄というとやっぱりそれは趣味を指す言葉だなと思います。趣味としての経験が仕事につながっているのはもちろんですが、さまざまな鉄道に触れても、やっぱり仕事の視点で見てしまいます。いまや、自分にとって鉄道は仕事です。マニアックと思われるようなことを知っていても、それは業務知識ですと答えるようにしていきます。歳を重ねリタイアした時に、どう趣味一色に戻すかが大変そうな気がしますが、定年延長など働き方も変わるので、当分先の話でしょうか。じっくり考えていきたいと思います。

相談室!? からのアドバイス

●色々な鉄に色々な価値。それを見極めるのも仕事

鉄道ファンは鉄道会社に就職できないのか?

人事を担当したことがあるわけではありませんが、鉄道の仕事をするのに、会社に入る前に鉄道に特化した勉強をする必要があるかといえば、あったほうが良い点はありますが必須ではないと思います。「鉄道マニアは鉄道会社に入れない」という声を耳にすることがありますが、私がこれまで書いてきた内容から鉄道マニアだとすれば、入れています。その軸だけで判断するのであれば、もったいないなと思います。

否定ではなく、肯定できる点を増やすことが大切です。同じように、自分の弱点を認識することも大切ですが、それより自分の強みを認識することが大切です。例えば、鉄道に仕事として関わるにあたり、日本全国の鉄道をすべて乗ったという点をアピールするとしたら、乗っただけでなく、どういう視点で乗ってどういう気付きがあったということが語れるかどうかは大きな差だと思います。

乗るという意味では、私も色んな場所の終電近い時間帯の電車に乗って、〝終電とは〟を考えました。普通だったら家の近所だけしか乗れない始発や終電。これがエリアによってどう表情を変えるのか、鉄道はその地に根付いたものだからこそ、他をよく知り、活かせることは活かすことが必要です。

中学生の時に、鉄道研究部で車両基地を見学させていただく機会がありました。当時は車両基地の一般公開みたいなイベントも今のようにありませんでした。ヘルメットを被って、初めて入る車両基地にワクワクした記憶があります。その時に車両をメンテナンスする20代の方が質問を受けてくれたのですが、その方も鉄道が好きで入社して、実際に車両基地で憧れの実物の車両を携わることに感動したとのことでした。しかし、それも1週間すれば、そういった意味での感動はなくなったそうです。仕事としての日常になったのです。

運転士を目指すといった時、電車を運転したいのか、もしくは運転士として仕事をしたいのかは異なります。以前であれば、運転体験のようなものは皆無に等しかったですが、電車を運転したいのであれば、今なら叶えられる機会はあります。むしろそういう機会があるからこそ、その上で仕事として電車を運転したいかの差だと思います。一般募集イベントで路面電車の体験運転を車庫内でさせてもらいましたが、私個人としてはこれで十分だと思いました。

〝鉄道が好き〟はきっかけにもモチベーションにもなりますが、要素の一つにしかならないでしょう。鉄道ファンであることは、きっかけにはなり得ても、仕事で活かそうと考えるなら、相当の努力と支持が必要というだけです。

一方、どうしても〝好き〟という切り口にスポットがあたりやすいですが、身の回りでも、電車や駅が好きではないから、今までと違う切り口で改善をしていくという方もいました。

〝仕事とは何か？〟に尽きると思います。

鉄道会社の駅係員採用を受けたこともありました。場合によっては本社などで事務職などもすることがあると説明会で言われていたものの、多くの方と同様の平日朝の通勤という顧客体験をできないなと、途中で申し込みをやめました。まだ社会人採用もさほどある時代ではなかったので、自然と選択肢から外れました。

実際、中に入らないとわからないこと、できないことはたくさんあります。外にいるから見えてくること、できることもあります。輸送の現場を経験し、広告という軸で鉄道を見て、そして鉄道会社へ。深くずっとでもなく、遠過ぎもせず。この経験をした人はあまりいないと思うので、だからこその提案に価値があるのではと日々過ごしています。いろいろたどり着いた答えが東京を中心とした鉄道の発展のためにどう貢献できるかでした。似通った動機は今までありつつも、しっかりと確信を得られたのは、最後に転職した時かもしれません。鉄道会社はそれぞれあれど、お客さまは一社だけ乗る場合もあれば、目的地によって何社も乗り継ぐ。そんな首都圏だからこそ、一社の内容だけ見るのではなく、全体から見た時の一社の視点を考えることで、新たな価値を出していく。それが自分の居場所なのだと思っています。

相談室!? からのアドバイス

- 鉄道の知識、経験に基づく気付きを提案できる人材になるべき
- 鉄道好きを仕事で活かすには努力と支持が必要

第6章

これから鉄道がもっと楽しくなるために

何十年後の人口減少がクローズアップされていた中でのコロナ禍。輸送手段としての鉄道のあり方の議論がなされる中で、輸送そのものだけにとどまらない鉄道の価値を見直し、創造するにはどうすればよいのでしょうか？　前に進み続けるために鉄道に関わる人にできることとは。

公と私

これまでいろいろご紹介させていただきましたが、自分として**重要だと思っているこ とは、鉄道の中の人であり続けることだと思っています。**

前職を退職する時も、独立して起業すると多くの方に思われていたのですが、鉄道の中で動くことに自らの価値を見出していくことが、自分の活かせる能力だと考えているからです。これが単純にコンサルタントとして独立していても、本当にやるべきと考えていることが実現できていないと思います。バス事業者で働き、一旦鉄道も関わる異業種で外からどう鉄道に価値を創出できるかトライし、そして行き着いた結論が、鉄道の真っ只中で行動し続けることでした。だからこそ取材や出演は業務として原則対応しています。会社員・手老善の業務として認められる妥当性があるものだからです。

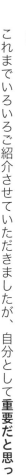

仕事についてこのかた、一度も会社に所属していなかった日はなく、その上で特に気を付けていることが公と私です。ただ、公と私と言っても、明確にわかりやすい点もあれば、永遠の課題のようなものまでさまざまです。休みの日に、家族で行った出先でふとした気付きがあり、それが仕事に役立ったという話は時々見かけますが、これは誰のチカラなのか。時代が進むにつれ、公と私についての考え方も変わって来ています。自分自身もそうですが、年下の世代に対してどう対応して行くべきでしょうか。

少なくとも、会社という組織に所属していた、または所属していれば、信頼も何も基本は会社のチカラでしょう。所属を外れればただの人です。法人とは法律によって人と同じ権利や義務を認められた組織です。それに**所属した上で、個人の能力をいかに発揮できるか。まさに「課外活動」という考え方をよりしっかり捉えていく必要があるのではと思います。**鉄道という一見堅く見える業界だからこそ、まだまだやれていないことはたくさんあるはずです。

相談室!? からのアドバイス

●コンサルタントではない、鉄道会社の社員だからできることを追求する

●会社員であっても個人の能力の発揮を常に考える必要がある

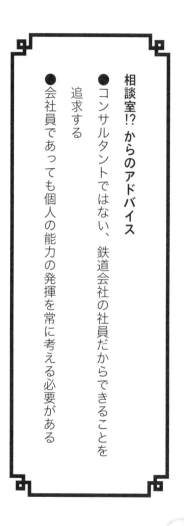

幼少期下北沢の今はなき歩道橋から京王井の頭線を見る筆者。下には小田急線が走る。こうした「私」も、いつか「公」に役立つときが

共感と納得

いくら自らがよいと思ったことでも、支持されなければ、協力を得ることは難しく、たとえ完成はできたとしても、自分一人で楽しむにとどまります。もちろん楽しめることは重要です。何にでも当てはまるわけではないですが、作る人が楽しくなければ、楽しいものが生まれることは難しいのではと思います。与えられたミッションをこなしていくのが仕事として重要ですが、**何より人生の中で仕事がどうあっても、人生を楽しむことが重要です。**

おもちゃメーカーの方で、自分が楽しめなきゃお客さまも楽しめないという信念をお持ちの方も、遊びが仕事でいいねとか羨む人の声に残念な気持ちになると話してくれました。その〝楽しむ〟は真剣そのものです。

　さて、よいと思って作ったものも、売れなければなりません。提供側も消費側も共感を得てくれる仲間やファンを増やす必要があります。鉄道ファン同士は友人かもしれませんが、仕事として進めないといけないのは仲間です。そしてどちらにも納得してもらうことです。納得は自分自身でしかできないことです。いかに納得してもらうために説得をしても、相手が納得するかどうかは相手次第です。納得がなければ行動につながらないでしょう。**無くてはならないものであり続けるため、これからの時代の鉄道に共感と納得がより重要になるのではないでしょうか。**

相談室!? からのアドバイス

- 人生を楽しむこと、楽しめることも仕事には大事
- これからの時代、より共感と納得が鉄道に求められる

持ち場でしかできないことを

鉄道業界に限らず、日本における生産人口の減少は避けて通れない状況です。担当範囲を広げる必要が出てきたとしても、最終的には自らの持ち場でしかできないことを、より意識して進めていくことが求められるでしょう。鉄道

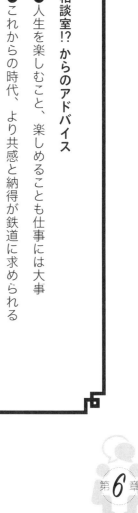

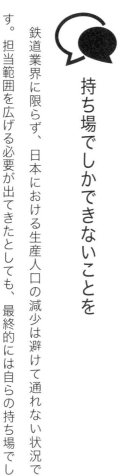

会社でなくてもできること、鉄道会社と一緒に進めることでできること、そして鉄道会社であるからこそできることがそれぞれあります。

コロナ禍を通じて少しずつそうした動きが進んだ感もありますが、鉄道会社として提供できる価値はやはり本物であることです。規模の大小はあれど、そこに変わりはないはずです。今まで、仕事としての企画は大きい会社の中で行って首都圏でしか成り立たない内容が多かったかもしれません。そうした中でも、中小の鉄道会社の方などからも相談を受けるという機会が、いろいろな視点を持つ一助になっているのは確実です。

今どうにかしないと新しいことがどんどん始めにくくなってしまう。それだけでなく、終わらせるチカラでさえ、今を逃すとできなくなる。そして、残り時間は思っていたよりも無いということがどんどん噴出してくる。そんな状況を本当に自分事としている人はどれほどいるでしょうか。

だからこそ、**メッセージを出すことに躊躇してはいけないのかもしれませ**

ん。銚子電鉄が「電車修理代を稼がなくちゃ、いけないんです」とぬれ煎餅の購入を訴えかけたようにするかどうかは別として、もうそんなところまで厳しい状況であることを伝えるのも、本気で考えないといけないのかもしれません。

地方だけでなく、都市部でも輸送の成り手不足の問題が表面化していますが、コロナ禍のさまざまなインパクトが大きかったためか、今までのトレンドとして生産人口やお子さまの世代が減少していることには変わりはありません。

相談室!? からのアドバイス

- それぞれの持ち場でしかできないことを実現していく
- 実現が困難と思えばどんどんメッセージを発信するべき
- あると思っていた時間はもう残りわずかである認識を

大胆なメッセージの発信で有名な銚子電鉄。私達がこうした景色を見続ける事ができるためには、他人事でなく自分事として一人ひとりが何をするべきでしょうか

失敗と成功

自分が選択してきた結果が現在であって、それが成功だったのか失敗だったのか、判断をするのも自分です。どちらかといえば失敗という内容はあまり登場してきませんでしたが、成功か失敗かはいつの時点で何に対して判断するかによると思います。大学を卒業後に入社した第一志望の会社を8カ月で退職したこと、約半年ストレス障害で欠勤したことは失敗とも言えますが、会社を退職する、仕事が今後できるイメージがないという経験があったからこそ、ここまで書いてきた数々の学びを得て、実行することができました。通過点でしかないと思えた時に気持ちが軽くなりました。

現時点では失敗としか思えないことも、大きく見て成功の一部であればよいのではないでしょうか。もちろんそこにたどり着くまで辛かったりもしますが。取り返しのつかない失敗はできませんが、細かい失敗はたくさんしてきましたし、今でもします。ここで書いていることも、焦りや余裕がないなどで同じ轍を踏んでしまうこともゼロではありません。一人でやった方が速いと思うこともあれど、過去の痛みから立ち止まって、そして一歩引いて見ることができるかが自分との闘いです。

成功であると納得し続けること。それでもいつか結果を確定しなくてはならなくなった時点で、その結果を受け入れるしかありませんが、それまでは手を尽くさなければ成功などありえません。

相談室!? からのアドバイス

●納得するまで、失敗は成功のもとであってもいい

●成功のために努力しなければ成功はありえない

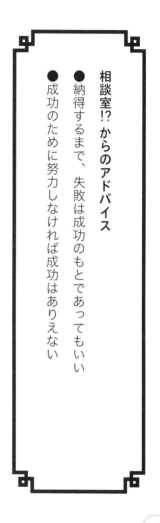

誰でもできること

おいしかった飲食店が閉店してしまった、よく買っていた商品が終売してしまったなどの経験をされた方も多いと思います。事情はさまざまであれど、そうならないように消費者としてできる最大の支持行為は、声を大にするよりも、取引を継続し、そして増やすことではないでしょうか。昨今ではクラウドファンディングなどもあり、一点集中で支援をする方法が一定程度は定着してきましたが、それだけでは続けることは困難です。鉄道やバスに乗ることが一番ですが、グッズなどどんな形であれ年に一回であっても取引をし続けることが何より意思が伝わることだと思います。サービスを提供する側もそういった手段を少しでも増やす努力をしていかなければなりません。できることはいくらでもあるはずです。

そして、鉄道やバスが動くのは、運行する側だけでなく乗る人の協力があってこそ成り立ちます。これだけ見ず知らずの人々が一斉に行動する場所は、他にあるでしょうか。だからこそ一人の行動が多くの影響を与えてしまう場面もあります。せっかく莫大な費用をかけて設備を改良して、輸送力を増やしても、駆け込み乗車で電車が遅れてしまってはとても残念です。鉄道を大切にすることは、鉄道を使う人を大切にすることでもあります。生産人口が減少している**今だからこそ、改めて乗合というものの意味を見つめ直すきっかけになればと思います。**

相談室!? からのアドバイス

●鉄道への想いを行動に

●みんなで鉄道を大切にする思いも大事。みんなの鉄道なのだから

Profile
手老 善（てろう・ぜん）

1982年生まれ。2005年に東急バスに入社。その後広告会社のジェイアール東日本企画などで鉄道に関わるビジネスを経験し、2015年に西武鉄道に入社。幼い頃から鉄道に興味を持ち続けた一面も活かし、鉄道やバスに関わるコンテンツやグッズ、イベント企画やPRをユニークな視点で手がけ続けている。

あとがき

小さい頃から本をたくさん読むわけでもなく、むしろ国語の居残りをするような私が本を書かせていただくというのは、不思議なものです。

「金融と広告業界は向かないだろうな」と就職活動を始めた大学三年生の時に思っていた私が、広告の仕事に携わるのも、不思議なものです。

東急沿線で生まれ、東急沿線で育ち、東急の制服を着て仕事をしていたのに、この文章を通勤で所沢に向かう西武線の電車の中で見返しているのも、不思議なものです。

今までも何度か「本を書きませんか?」とお声がけいただいたことはあったのですが、仕事上の記事を書いたことはあっても、会社に所属している身としては、正直難しいと考えていました。一方、昔から鉄道は都市伝説的に語られる噂話のようなものも多かったですが、インターネットの普及などにより、今までにない形で全く事実と異なることや的外れなことが多く発信され、そして広がることも残念ながら多くあるのも事実で、もどかしい気持ちも抱えていました。

そうした中での新型コロナウイルス感染症の拡大。数年を経て移動することに対する障壁がコロナ禍前にやっと戻ってきましたが、このコロナ禍を通じ、移動がこれほどまでできない経験は初めてで、間違いなく大きな衝撃です。最初の緊急事態宣言で、数限られた出勤の帰り、ほとんど人が乗っていない池袋線の高架区間から見る夕日を見て、大変なさなかに一筋の安らぎを感じたと同時に、どれほど電車に乗れるということに感謝すべきかを強く心に刻みました。

そうした環境下で40代となり、さまざまな立場で関わる人が増えたり、意識を合わせたいタイミングが多くなりました。苦手ではあるものの、文字にしてみる必要を感じ、今回貴重な機会を得ました。所属先をはじめ相談などご協力いただいた皆さま、貴重な機会を与えていただいた天夢人『旅と鉄道』編集部の皆さま、そしてこの本を手に取って最後まで読んでいただいた皆さまに感謝申し上げます。

そして、運転一つとっても、自動車はもちろん船や飛行機は自ら免許を取ることができても、現実的に鉄道車両の運転は鉄道会社に入って免許を受ける以外は難しく、仕事として携わる必要があります。上下分離などあれど、道路や航路にあたる線路を自ら準備しなくてはなりません。最近では、以前鉄道関係のお仕事をされていた方が、さまざまな場所で活躍しているのを目にします。今は立場は違えど、鉄道と何かというかけあわせで、鉄道がより理解されることに尽力されている方もおられます。ただのウラ話的なものや、ただ鉄道会社を経験したからというだけでなく、本物を少し角度が違った見方も増えていくと、より鉄道が理解されるきっかけになるのではと思います。

鉄道やバスが、皆さまの人生を豊かにするきっかけになりますように。

2024年1月　手老　善

STAFF
編　　集　真柄智充（「旅と鉄道」編集部）
デザイン　安部孝司

なぜか頼られる鉄道ビジネス相談室!? の舞台裏

2024年2月21日　初版第1刷発行

著　　者　手老 善
発 行 人　山手章弘
発　　行　株式会社 天夢人
〒101-0051　東京都千代田区神田神保町1-105
https://www.temjin-g.co.jp/
発　　売　株式会社 山と溪谷社
〒101-0051　東京都千代田区神田神保町1-105
印刷・製本　株式会社シナノパブリッシングプレス

■内容に関するお問合せ先
「旅と鉄道」編集部　info@temjin-g.co.jp　電話03-6837-4680
■乱丁・落丁に関するお問合せ先
山と溪谷社カスタマーセンター　service@yamakei.co.jp
■書店・取次様からのご注文先
山と溪谷社受注センター　電話048-458-3455　FAX048-421-0513
■書店・取次様からのご注文以外のお問合せ先
eigyo@yamakei.co.jp

Printed in Japan
ISBN978-4-635-82558-0